CZECH
PHRASEBOOK

C O N T E N T S

CZECH PHRASEBOOK

by

Nina Trnka

HIPPOCRENE BOOKS
New York

For information, address:
HIPPOCRENE BOOKS, INC.
171 Madison Avenue
New York, NY 10016

ISBN 0-87052-967-6

HOW TO USE THIS BOOK

This phrase book should help you to make essential conversation when traveling in Czechoslovakia or learning Czech.

In this book the sentences are mostly written in masculine gender; however using the book's minigrammar you can easily change the genders in the sentences as needed.

Example: "Let me introduce you."

Masculine
Dovolte, abych vás představil.

Feminine
Dovolte, abych vás představila.

The Czech pronunciation of every sentence or phrase follows in the brackets. To make the reading easy, the words are divided into syllables.

... A series of three dots indicates that a word is missing in the sentence. You can use any word in the following list or any other word as needed.

+ A sign after a sentence or a word indicates that these sentences or words have the same meaning.

. A dot before a sentence indicates that this Czech sentence is often used in that particular situation.

/ This sign between the words indicates that the second word can be used as an alternative.

/ / Brackets indicate translations or that a word or a phrase can be omitted.

English "you" has two forms in Czech: "ty" and "vy". To address people politely in conversations, use the second person of plural "vy". The second person of singular "ty" is used to address only your close friends and relatives.

Czech spoken language is very rich and colorful. When you hear prefixes such as: von, vona instead of on, ona /he, she/ or suffixes such as: hezkej, dobrej instead of hezký, dobrý /nice, good/, do not be discouraged to use the proper ones.

Moreover, please note the use of diminutives such as: domeček /dům/ - a small house
         kočička /kočka/ - a small cat
         psaníčko /psaní/ - a letter
The Czech people use those expressions in every day phrases. You may try it too.

Good luck! Enjoy speaking Czech!

PRONUNCIATION

˙ long mark
ˇ soft mark

Czech Spelling	Transcription	Examples
Vowels and Diphthongs		
a	a	˝tra-la-la˝ like u in bus
á	á	class, arm
e	e	net, get
é	é	verb, term
i, y	i	in, pink, economy
í, ý	ee	green, eel
o	o	off, dog
ó	ó	forty, short
u	u	put, bull
ú, ů	oo	school, groom
au	aw	like ow in cow
ou	ow	snow, slow
Consonants		
c	ts	tse-tse, tsar
č	ch	church, cheese
ch	kh	loch, khaki
g	g	ground, game
h	h	horse, hand
j	y	yes, yard
k	k	kiss, king

r	r	raw, rock a rolled sound
ř	rzh	r and zh rolled simultaneously
s	s	see, slim
š	sh	shape, she
ž	zh	measure, leisure

All other Czech consonants are pronounced in the same way as the English ones.

Some consonants sound differently at the end of a syllable or when two consonants are together.

Example: b sounds like p
         d   „   „ t
         k   „   „ g
         v   „   „ f
         z   „   „ s

Czech Spelling of very soft sounds	Transcription
ď, dě, di, dí	d^y, dye, dyi, dyee
ť, tě, ti, tí	t^y, tye, tyi, tyee
ň, ně, ni, ní	n^y, nye, nyi, nyee

Prepositions k, s, v, z are pronounced together with the following syllable.

In Czech the strongest stress is on the first syllable.

EVERYDAY PHRASES

Greetings

Hi.	Ahoj. /a-hoy/
Hello.	Nazdar.* Dobrý den. /naz-dar* dob-ree den/
Good morning.	Dobré jitro. /dob-ré yit-ro/
Good afternoon.	Dobré odpoledne. /dob-ré od-po- led-ne/
Good evening.	Dobrý večer. /dob-ree ve-cher/
Good night.	Dobrou noc. /dob-row nots/
See you later.	Na shledanou. /na skhle-da-now/
See you ...	Na shledanou ... /na skhle-da-now/
tonight.	dnes večer. /dnes ve-cher/
tomorrow.	zítra. /zeet-ra/
on Saturday.	v sobotu. /fso-bo-tu/
Goodbye.	Sbohem. /sbo-hem/

How are you?	Jak se máte? /yak se má-te/
. Fine, thank you.	. Děkuji, dobře. /dye-ku-yi dob- rzhe/
Have a nice day.	Mějte se hezky. /mnyey-te se hes- ki/

Thanks

Yes.	Ano. /a-no/
No.	Ne. /ne/
Please.	Prosím. /pro-seem/
Thanks.	Děkuji. /dye-ku-yi/
Thank you very much.	Děkuji mnohokrát. /dye-ku-yi mno- ho-krát/
Thanks, you are very kind.	Děkuji, jste velmi laskav. /dye-ku-yi ´ste vel-mi las-kaf/
Thanks for every-thing.	Děkuji vám za všech-no. /dye-ku-yi vám za fshekh-no/

. That's OK.

. Není zač.
/ne-nyee zach/

. OK.

. Dobře.♦ Dobrá.
/dob-rzhe ♦ dob-rá/

. You are welcome.

. Prosím.
/pro-seem/

. All right. Fine.

. Dobře.
/dob-rzhe/

. Certainly.

. Určitě.♦ Jistě.
/ur-chi-tye ♦yis-tye/

. Perhaps.

. Možná.
/mozh-ná/

Yes, please.

Ano, prosím.
/a-no,pro-seem/

No, thank you.

Ne, děkuji.
/ne,dye-ku-yi/

I would love to.

Rád bych.
/rát bikh/

Apologies

I beg your pardon..?

Promiňte, prosím vás..?
/pro-min^y-te,pro-seem vás/

I'm sorry.

Promiňte.♦ Pardon.
/pro-min^y-te,pardon/

Excuse me ...

Dovolte ...
/do-vol-te/

Excuse me, please.	Promiňte, prosím. /pro-min^y-te,pro-seem/
Sorry to trouble you.	Promiňte, že obtě-žuji. /pro-min^y-te,zhe ob-tye-zhu-yi/
Sorry to have kept you waiting.	Promiňte, že jsem vás nechal čekat. /pro-min^y-te,zhe ´sem vás ne-khal che-kat/
I´m very sorry ...	Velice lituji ... /ve-li-tse li-tu-yi/
. That´s all right/ OK.	. To je v pořádku. /to ye fpo-rzhát-ku/
. It doesn´t matter.	. To nevadí. /to ne-va-dyee/
. You need not apo-logize.	. Nemusíte se omlou-vat. /ne-mu-see-te se o-mlow-vat/

Introductions

In Czechoslovakia names with endings á or ová are names of women. For example Suková means that she is a daughter or the wife of Mr. Suk.
Diminutives of first names or nicknames are often used when introducing someone.
Marie - Mařenka, Václav - Vašek

Mr. Válek	Pan Válek /pan vá-lek/
Mrs. Válek	Paní Válková /pa-nyee vál-ko-vá/
Mr. and Mrs.Válek	Válkovi /vál-ko-vi/
My name is ...	Jmenuji se...* Já jsem.. / me-nu-yi se *yá sem/
Let me introduce you.	Dovolte, abych vás představil. /do-vol-te,a-bikh vás przhed-sta-vil/
Mr. Svoboda, this is John.	Pane Svoboda, to je John. /pa-ne svo-bo-da to ye džon/
Let me introduce... /to you/	Dovolte, abych vám představil ... /do-vol-te,a-bikh vám przhed-sta-vil/
Pleased to meet you.	Těší mě. /tye-shee mnye/
Excuse me, what is your name?	Promiňte, jak se jmenujete? /pro-min^y-te,yak se me-nu-ye-te/
How are you?	Jak se máte? /yak se má-te/
Could you introduce me to ...?	Mohl byste mě seznámit s ...? /mo-hl bis-te mnye sez-ná-mit s/

Basic Questions

What?	Co? /tso/
What is that?	Co je to? /tso ye to/
What do you want?	Co si přejete?✱ Co chcete? /tso si przhe-ye-te ✱ tso khtse-te/
What is the matter?	Co se děje? /tso se dye-ye/
Where?	Kde? /gde/
Where is ...?	Kde je ...? /gde ye/
Where is it?	Kde je to? /gde ye to/
When?	Kdy? /gdi/
When does it ...	Kdy to ...
leave?	odjíždí? /od-yeezh-dyee/
arrive?	přijíždí? /przhi-yeezh-dyee/
begin?	začíná? /za-chee-ná/
end?	končí? /kon-chee/

Who?	Kdo? /gdo/
Who is it?	Kdo je to? /gdo ye to/
Who are you?	Kdo jste? /gdo ste/
Who is that ...?	Kdo je ten/ta/to ...? /gdo ye ten/ta/to/
man	ten muž /ten muzh/
woman	ta žena /ta zhe-na/
boy	ten chlapec /ten khla-pets/
girl	ta dívka /ta dyeef-ka/
child	to dítě /to dyee-tye/
Why?	Proč? /proch/
How?	Jak? /yak/
How long?	Jak dlouho? /yak dlow-ho/
How far?	Jak daleko? /yak da-le-ko/
How much?	Kolik? /ko-lik/
How much is it?	Kolik to stojí? /ko-lik to sto-yee/

What's the time?	Kolik je hodin? /ko-lik ye ho-dyin/
What time ...?	V kolik hodin ...? /fko-lik ho-dyin/

Agreement

Yes.	Ano. /a-no/
Certainly.	Určitě.* Jistě. /ur-chi-tye *yis-tye/
Sure.	Zajisté. /za-yis-té/
OK. All right.	Dobře.* Dobrá. /dob-rzhe *dob-rá/
Very good.	Výborně. /vee-bor-nye/
Of course.	Ovšem.* Samozřejmě. /of-shem * sa-mo-zrzhey-mnye/
With pleasure.	S radostí. /sra-dos-tyee/
That's true.	To je pravda. /to ye prav-da/
That's it.	Tak je to. /tak ye to/
Yes, indeed.	Opravdu. /o-prav-du/

Disagreement

No.	Ne. /ne/
Not at all.	Vůbec ne. /voo-bets ne/
That is not true.	To není pravda. /to ne-nyee prav-da/
That is impossible.	To není možné. /to ne-nyee mozh-né/
Never,	Nikdy. /nyi-gdi/

Personal Information

• What is your name?	Jak se jmenujete? /yak se me nu-ye-te/
• Are you ...?	Jste ...? / ste/
American	Američan /a-me-ri-chan/
English	Angličan /an-gli-chan/
• Where are you from?	Odkud jste? /od-kut ste/
• What is your address?	Jaké je vaše bydliště? /ya-ké ye va-she bid-lish-tye/

- What is your job?   Jaké je vaše zaměst-
nání?
/ya-ké ye va-she
za-mnyest-ná-nyee/

- How old are you?   Jak jste starý/sta-
rá?
/yak ste sta-ree/
sta-rá/

- Are you married?   Jste ženatý/vdaná?
/ ste zhe-na-tee/
vda-ná/

- What is the pur-   Jaký je účel vaší
  pose of your   cesty?
  journey?   /ya-kee ye oo-chel
va-shee tses-ti/

- Where are you   Kde tu bydlíte?
  staying?   /gde tu bid-lee-te/

- How long will you   Jak dlouho tu bude-
  be here?   te?
/yak dlow-ho tu
bu-de-te/

- Do you have any   Máte tu nějaké pří-
  relatives here?   buzné?
/má-te tu nye-ya-
ké przhee-buz-né/

My name is Peter   Jmenuji se Petr
Bull.   Bull.
/ me-nu-yi se pe-tr
bul/

My name is Marie   Jmenuji se Marie Bu-
Bull.   llová.
/ me-nu-yi se ma-
ri-ye bu-lo-vá/

I am ...	Jsem ... / ´sem/
American.	Američan/ka. /a-me-ri-chan/ka/
English.	Angličan/ka. /an-gli-chan/ka/
French.	Francouz/ka. /fran-tsows/ka/
German.	Němec/Němka /nye-mets/nyem-ka/
I live in ...	Žiji v ... /zhi-yi v/
America.	Americe. /a-me-ri-tse/
Canada.	Kanadě. /ka-na-dye/
England.	Anglii. /an-gli-yi/
My address is ...	Bydlím .. * Moje ad- resa je ... /bid-leem * mo-ye ad-re-sa ye/
I am a ...	Jsem ... / ´sem/
businessman.	obchodník. /ob-khod-nyeek/
teacher.	učitel/ka. /u-chi-tel/ka/
student.	student/ka. /stu-dent/ka/
housewife.	v domácnosti. /vdo-máts-nos- tyi/

I am ...years old.	Je mi .../let/ /ye mi .../let/
I am here on ...	Jsem zde na ... / sem zde na/
vacation.	dovolené. /do-vo-le-né/
a business trip.	služební cestě. /slu-zheb-nyee tses-tye/
I am staying /at/..	Bydlím tady v/u ... /bid-leem ta-di/
the hotel...	v hotelu... /vho-te-lu/
with my rela- tives.	u příbuzných. /u przhee-buz- neekh/
I will be here for ...	Budu tady ... /bu-du ta-di/
ten days.	deset dnů. /de-set dnoo/
two weeks.	dva týdny. /dva teed-ni/
one month.	/jeden/ měsíc. /ye-den/mnye- seets/

Family

Are you married?	Jste ženatý/vdaná? / ste zhe-na-tee/ vda-ná/
I am married.	Jsem ženatý/vdaná. / sem zhe-natee/ vda-ná/

I am not married.	Jsem svobodný/ná. / sem svo-bod-nee/ ná/
I am divorced.	Jsem rozvedený/ná. / sem roz-ve-de-nee/ ná/
Have you got any ...?	Máte ...? /má-te/
children	děti /dye-tyi/
brothers or sisters	sourozence /sow-ro-zen-tse/
I have a ...	Mám ... /mám/
daughter.	dceru . / tse-ru/
son .	syna. /si-na/
sister.	sestru . /ses-tru/
brother.	bratra . /brat-ra/
I live with my ...	Žiji se ... /zhi-yi se/
wife.	svou manželkou * ženou. /svow man-zhel-kow * zhe-now/
husband.	svým manželem * mužem. /sveem man-zhe-lem * mu-zhem/
parents.	svými rodiči. /svee-mi ro-dyi-chi/

This is my ...	To je můj/má ...
	/to ye mooy/má/
wife.	manželka * žena.
	/man-zhel-ka * zhe-na/
husband.	manžel * muž.
	/man-zhel * muzh/
father.	otec.
	/o-tets/
mother.	matka.
	/mat-ka/
son.	syn.
	/sin/
daughter.	dcera.
	/´tse-ra/
sister.	sestra.
	/ses-tra/
brother.	bratr.
	/bra-tr/
grandfather.	dědeček.
	/dye-de-chek/
grandmother.	babička.
	/ba-bich-ka/
aunt.	teta.
	/te-ta/
uncle.	strýc.
	/streets/
cousin.	bratranec.
	/bra-tra-nets/
	sestřenice.
	/ses-trzhe-nyi-tse/
relative.	příbuzný.
	/przhee-buz-nee/

Requests and Demands

I want ...	Chci ... /khtsi/
I need ...	Potřebuji ... /po-trzhe-bu-yi/
I am looking for ..	Hledám ... /hle-dám/
I would like ...	Rád bych ... /rát bikh/
I would like to buy ...	Chtěl bych ... /khtyel bikh/
Will you ... me...	Prosím vás, ... mi... /pro-seem vás,.mi/
help	pomozte /po-mos-te/
give	dejte /dey-te/
pass	podejte /po-dey-te/
lend	půjčte /poo-´chte/
Can you show me ...?	Můžete mi ukázat ..? /moo-zhe-te mi u-ká-zat/
Can you tell me ...?	Můžete mi říci ...? /moo-zhe-te mi rzhee-tsi/
Have you got ...?	Máte ...? /má-te/

- What do you want?
- Co chcete?
  /tso khtse-te/

- What are you look-
  ing for?
- Co hledáte?
  /tso hle-dá-te/

- Do you need ...?
- Potřebujete ...?
  /po-trzhe-bu-
  ye-te/

- Can I help you?
- Mohu vám pomoci?
  /mo-hu vám po-
  mo-tsi/

Come in.

Dále! * Vstupte.
/dá-le * fstup-te/

Come here.

Pojďte sem.
/podʸ-te sem/

Wait!

Počkejte!
/poch-key-te/

Have a look.

Podívejte se.
/po-dyee-vey-te
se/

Hurry up.

Pospěšte si.
/pos-pyesh-te si/

Stop!

Zastavte /se/!
/zas-taf-te /se/

Open/Close ...

Otevřete/Zavřete ...
/o-te-vrzhe-te/
za-vrzhe-te/

Be careful!

/Dejte/ pozor!
/dey-te/ po-zor/

Leave me alone.

Nechte mě.
/nekh-te mnye/

Difficulties

Help!	Pomoc! /po-mots/
Can you help me?	Můžete mi pomoci? /moo-zhe-te mi po- mo-tsi/
I don't speak Czech.	Nemluvím česky. /ne-mlu-veem ches- ki/
I don't understand you.	Nerozumím vám. /ne-ro-zu-meem vám/
Does anyone here speak English?	Mluví zde někdo an- glicky? /mlu-vee zde nye- gdo an-glits-ki/
Please speak slowly.	Mluvte pomalu, prosím. /mluf-te po-ma-lu, pro-seem/
I am looking for ...	Hledám ... /hle-dám/
my passport.	svůj cestovní pas. /sfooy tses-tov- nyee pas/
my friend.	svého přítele. /sfé-ho przhee-te- le/
I cannot find ...	Nemohu najít ... /ne-mo-hu na-yeet/
the key.	klíč. /kleech/

my air ticket.	svou letenku.
	/sfow le-ten-ku/
the hotel ...	hotel ...
	/ho-tel/
She has lost ...	Ztratila ...
	/stra-tyi-la/
her luggage.	své zavazadlo.
	/sfé za-va-zad-lo/
a car key.	klíč od auta.
	/kleech ot aw-ta/
I missed the ...	Ujel mi ...
	/u-yel mi/
train.	vlak.
	/vlak/
bus.	autobus.
	/aw-to-bus/
plane.	Uletělo mi letadlo.
	/u-le-tye-lo mi le-tad-lo/
I am lost.	Ztratil jsem se.* Zabloudil jsem.
	/stra-tyil sem se.* za-blow-dyil sem/
Where is the police station?	Kde je policejní stanice?
	/gde ye po-li-tsey-nyee sta-nyi-tse/
Call the police!	Zavolejte bezpečnost!
	/za-vo-ley-te bes-pech-nost/
Go away!	Jděte pryč!
	/ʼdye-te prich/
Fire!	Hoří!
	/ho-rzhee/

Making Yourself Understood

Do you speak ...	Mluvíte ... /mlu-vee-te/
English?	anglicky? /an-glits-ki/
German?	německy? /nye-mets-ki/
French?	francouzsky? /fran-tsows-ki/
Czech?	česky? /ches-ki/
Does anyone here speak English?	Mluví tu někdo anglicky? /mlu-vee tu nye- gdo an-glits-ki/
Yes, I do ...	Ano, mluvím ... /a-no, mlu-veem/
No, I don´t ...	Ne, nemluvím ... /ne, ne-mlu-veem/
I speak a little ...	Mluvím trochu ... /mlu-veem tro-khu/
German.	německy. /nye-mets-ki/
Czech.	česky. /ches-ki/
Do you understand me?	Rozumíte mi? /ro-zu-mee-te mi/
I understand.	Rozumím. /ro-zu-meem/
I don´t understand.	Nerozumím. /ne-ro-zu-meem/

Speak slowly, please.	Mluvte pomalu, prosím. /mluf-te po-ma-lu, pro-seem/
Repeat it, please.	Opakujte to prosím. /o-pa-kuy-te to pro-seem/
Write it down.	Napište to. /na-pish-te to/
What does it mean?	Co to znamená? /tso to zna-me-ná/
How do you say it in Czech?	Jak to řeknete česky? /yak to rzhek-ne-te ches-ki/
I cannot speak Czech, but I can understand a little.	Neumím mluvit česky, ale trochu rozumím. /ne-u-meem mlu-vit ches-ki,a-le tro-khu ro-zu-meem/

Names of Some Countries and Their People

America, American	Amerika, Američan /a-me-ri-ka, a-me-ri-chan/
England, English	Anglie, Angličan /an-gli-ye,an-gli-chan/
Canada, Canadian	Kanada, Kanaďan /ka-na-da, ka-na-dyan/
Germany, German	Německo, Němec /nye-mets-ko, nye-mets/

France, French	Francie, Francouz /fran-tsi-ye, fran-tsows/
Italy, Italian	Itálie, Ital /i-tá-li-ye, i-tal/
Russia, Russian	Rusko, Rus /rus-ko, rus/
Poland, Pole	Polsko, Polák /pol-sko, po-lák/
Hungary, Hungarian	Maďarsko, Maďar /ma-dyar-sko, ma-dyar/
Czechoslovakia, Czech, Slovak	Československo, Čech, Slovák /ches-ko-slo-ven-sko, chekh, slo-vák/

Continents

Africa	Afrika /a-fri-ka/
America	Amerika /a-me-ri-ka/
Asia	Asie /a-si-ye/
Australia	Austrálie /aw-strá-li-ye/
Europe	Evropa /e-vro-pa/

26

ENTRY FORMALITIES

Passport Control

Travel documents:	Cestovní doklady: /tses-tov-nyee do-kla-di/
Passport	/Cestovní/ pas /tses-tov-nyee/ pas/
Driving licence	Řidičský průkaz /rzhi-dyich-skee proo-kas/
Personal data:	Osobní údaje: /o-sob-nyee oo-da-ye/
Last name/Surname	Příjmení /przhee-'me-nyee/
First name	Jméno /'mé-no/
Date and place of birth	Datum a místo narození /da-tum a mees-to na-ro-ze-nyee/
Country	Země /ze-mnye/
Nationality	Státní příslušnost /stát-nyee przhee-slush-nost/
Address	Bydliště /bid-lish-tye/
Profession	Povolání /po-vo-lá-nyee/
Sex	Pohlaví /po-hla-vee/

- Your passport, please.
- Vaše doklady, prosím.*
  /va-she do-kla-di, pro-seem/
  Váš pas, prosím.
  /vásh pas, pro-seem/

- How long are you staying?
- Jak dlouho se zdržíte?
  /yak dlow-ho se zdr-zhee-te/

- Have you got an entry visa?
- Máte vstupní vizum?
  /má-te fstup-nyee vi-zum/

- You need a transit visa.
- Musíte mít tranzitní vizum.
  /mu-see-te meet tran-zit-nyee vi-zum/

Here is my ...
Tady je můj ...
/ta-di ye mooy/

   passport.
     pas.
     /pas/

   driving licence.
     řidičský průkaz.
     /rzhi-dyich-skee proo-kas/

I am staying for ...
Zůstanu zde ...
/zoo-sta-nu zde/

   a few days.
     několik dnů.
     /nye-ko-lik dnoo/

   a week.
     týden.
     /tee-den/

I am here ...
Jsem zde ...
/ sem zde/

   on business.
     služebně.
     /slu-zheb-nye/

   on vacation.
     na dovolené.
     /na do-vo-le-né/

At the Customs

- Have you got anything to declare?
- Máte něco k proclení?
  /má-te nye-tso kpro-tsle-nyee/

- Which is your luggage?
- Která jsou vaše zavazadla?
  /kte-rá ˇsow vashe za-va-zad-la/

- Open your suitcase, please!
- Otevřete váš kufr, prosím!
  /o-te-vrzhe-te vásh ku-fr,pro-seem/

- You will have to pay duty.
- Musíte zaplatit clo.
  /mu-see-te za-pla-tyit tslo/

This is my bag.
To je mé zavazadlo.
/to ye mé za-va-zad-lo/

I have nothing to declare.
Nemám nic k proclení.
/ne-mám nyits kpro-tsle-nyee/

It is for my personal use.
To jsou mé osobní věci.
/to ˇsow mé o-sob-nyee vye-tsi/

These are gifts.
Tohle jsou dárky.
/to-hle ˇsow dár-ki/

Do I have to pay duty on it?
Platí se za to clo?
/pla-tyee se za to tslo/

Luggage

Porter!	Nosič! /no-sich/
Take my luggage, please.	Odneste mé zavazadlo, prosím. /od-nes-te mé za-va-zad-lo,pro-seem/
Take it to the ...	Odneste to ... /od-nes-te to/
exit.	k východu. /kvee-kho-du/
taxi.	k taxíku. /kta-ksee-ku/
bus.	k autobusu. /kaw-to-bu-su/
left luggage office.	do úschovny. /do oos-khov-ni/
I have lost my suit-case.	Ztratil se mi kufr. /stra-tyil se mi ku-fr/
One bag is missing.	Chybí jedna kabela * taška. /khi-bee yed-na ka-be-la * tash-ka/

Tourist Information

Where is the ...?	Kde je tu ...? /gde ye tu/
money exchange	směnárna /smnye-nár-na/
bank	banka /ban-ka/

tourist information	cestovní kancelář /tses-tov-nyee kan-tse-lárzh/
rent a car office	půjčovna aut /poo-chov-na awt/
hotel reservation	Čedok /turistická kancelář/ /che-dok/tu-ris-tits-ká kan-tse-lárzh/
taxi stand	stanoviště taxíků /sta-no-vish-tye ta-ksee-koo/
bus stop	autobusová zastávka /aw-to-bu-so-vá zas-táf-ka/
rest rooms	záchod /zá-khot/
restaurant	restaurace /res-taw-ra-tse/

Currency

The currency is Czechoslovak Crown /koruna/.
There are two foreign exchange rates:
an official exchange rate and a tourist exchange rate which is more favorable.
Both rates vary quite frequently and current rates can be obtained at the Czechoslovak tourist agency ČEDOK. In Czechoslovakia foreign currency can be exchanged at banks and all major hotels.

ACCOMMODATION

Visitors can book their accommodations
through any travel agency. If you can not
book a room on your own, join an organized
tour. You can have a private room in ho-
tels and motels of various categories.
Group accommodations are also available in
dormitories /ubytovny/ in modernized col-
leges, car-campings and boatels /plovoucí
hotely/ on Vltava River.
Hotel categories are: A-de luxe /inter-
hotel/, A, B and C.
Luxury hotels are mainly international ho-
tels; the personnel usually speaks English.
Some old-style hotels in Prague or other
towns have beautiful settings and cozy at-
mospheres.

Looking for Accommodations

I am looking for a ...   Hledám nějaký ...
                         /hle-dám nye-ya-
                         kee/

   hotel.   hotel.
                            /ho-tel/

   motel.   motel.
                            /mo-tel/

   small pension.   malý penzión.
                            /ma-lee pen-
                            zi-yón/

Where is the hotel ...? Kde je hotel ...?
                         /gde ye ho-tel/

Is there a youth   Je tu nějaká stu-
   hostel?   dentská ubytovna?
                         /ye tu nye-ya-ká
                         stu-dent-ská u-bi-
                         tov-na/

Booking in

I have a reservation. My name is...	Mám tu zamluvený pokoj na jméno ... /mám tu za-mlu-ve-nee po-koy na méno/
I have reserved ...	Mám rezervovaný ... /mám re-zer-vo-va-nee/
a single room.	jeden jednolůžkový pokoj. /ye-den yed-no-loozh-ko-vee po-koy/
a double room.	jeden dvoulůžkový pokoj. /ye-den dvow-loozh-ko-vee po-koy/
Have you any vacancies?	Máte nějaký volný pokoj? /má-te nye-ya-kee vol-nee po-koy/
I would like a room with ...	Chtěl bych pokoj s/se ... /khtyel bikh po-koy s/se/
a bath.	s koupelnou. /skow-pel-now/
a shower.	se sprchou. /se spr-khow/
hot water.	s horkou vodou. /shor-kow vo-dow/
a balcony.	s balkónem. /sbal-kó-nem/

Can I have a double room with a bath for ...?	Mohu dostat jeden dvoulůžkový pokoj s koupelnou na ...? /mo-hu dos-tat ye-den dvow-loozh-ko-vee po-koy na/
a night	jednu noc /yed-nu-nots/
two days	dva dny /dva dni/
one week	jeden týden /ye-den tee-den/
I would like to see the room.	Rád bych se na ten pokoj podíval. /rát bikh se na ten po-koy po-dyee-val/
Have you a ...room?	Nemáte ... pokoj? /ne-má-te..po-koy/
cheaper	levnější /lev-nyey-shee/
better	lepší /lep-shee/
larger	větší /vyet-shee/
quieter	tišší /tyi-shee/
I shall take this room.	Vezmu si ten pokoj. /vez-mu si ten po-koy/
What is the rate per ...?	Kolik stojí ten pokoj za ...?
day	den /den/
week	týden /tee-den/

| Is breakfast included? | Je v ceně /zahrnuta/ snídaně? /ye ftse-nye /za-hr-nu-ta/snyee-da-nye/ |
| Is it full board? | Je to plná penze? /ye to pl-ná pen-ze/ |

- What room would you like?
- Jaký pokoj si přejete? /ya-kee po-koy si przhe-ye-te/

- For how long?
- Na jak dlouho? /na yak dlow-ho/

- Sorry, the rooms are without a bath.
- Lituji, nemáme pokoje s koupelnou. /li-tu-yi,ne-má-me po-ko-ye skow-pel-now/

- Sorry, we are fully booked.
- Lituji, máme všechno obsazeno. /li-tu-yi,má-me fshekh-no ob-sa-ze-no/

- The price includes breakfast.
- V ceně je zahrnuta snídaně. /ftse-nye ye za-hr-nu-ta snyee-da-nye/

- Breakfast is not included.
- Cena snídaně je zvlášt. /tse-na snyee-da-nye ye zvlásht/

- Service charge is ten percent.
- Obsluha činí deset procent. /ob-slu-ha chi-nyee de-set pro-tsent/

Registration

- Fill out this registration form.
- Vyplňte tento formulář.
  /vi-pln^y-te tento for-mu-lárzh/

- Sign here, please.
- Zde se prosím podepište.
  /zde se pro-seem po-de-pish-te/

- Your passport, please.
- Váš pas, prosím.
  /vásh pas,pro-seem/

- Leave your passport here.
- Nechte tu svůj pas.
  /nekh-te tu svooy pas/

What is my room number?

Jaké číslo má můj pokoj?
/ya-ké chees-lo má mooy po-koy/

Give me the key, please.

Dejte mi klíč, prosím.
/dey-te mi kleech, pro-seem/

Bring my luggage to my room.

Přineste mi zavazadla do pokoje.
/przhi-nes-te mi za-va-zad-la do po-ko-ye/

What time is breakfast?

V kolik hodin se podává snídaně?
/fko-lik ho-dyin se po-dá-vá snyee-da-nye/

Where do you serve meals?

Kde je tu jídelna?
/gde ye tu yee-del-na/

Service

Wake me in the morning at ...	Vzbuďte mě ráno v,... /ʾzbut^y-te mnye rá-no v/
six /o'clock/.	šest /hodin/. /shest/ho-dyin/
seven.	sedm. /se-dum/
eight.	osm. /o-sum/
Bring me breakfast to my room.	Přineste mi snídani do pokoje. /przhi-nes-te mi snyee-da-nyi do po-ko-ye/

Room service	Pokojová služba /po-ko-yo-vá sluzh-ba/
chambermaid	pokojská /po-koy-ská/

Can you bring me ...?	Můžete mi přinést..? /moo-zhe-te mi przhi-nést/
a towel	ručník /ruch-nyeek/
a soap	mýdlo /meed-lo/
an extra blanket	ještě jednu pokrývku /yesh-tye yednu po-kreef-ku/

a pillow

polštář
/pol-shtárzh/

coat-hangers

ramínka na šaty
/ra-meen-ka na
sha-ti/

Change the sheets,
please.

Převlečte mi postel,
prosím.
/przhe-vlech-te mi
pos-tel,pro-seem/

Clean the room,
please.

Ukliďte můj pokoj,
prosím.
/u-klit^y-te mooy
po-koy,pro-seem/

I would like to have my suit ...

Chtěl bych dát ...
oblek/šaty.
/khtyel bikh.dát ...
ob-lek/sha-ti/

pressed.

vyžehlit
/vi-zheh-lit/

dry-cleaned.

vyčistit
/vi-chis-tyit/

I need my clothes
to be washed.

Potřebuji dát vyprat
prádlo.
/po-trzhe-bu-yi dát
vi-prat prád-lo/

---

o What is your room
number?

. Jaké je číslo vašeho pokoje?
/ya-ké ye chees-lo
va-she-ho po-ko-ye/

. Breakfast is served till nine.

. Snídaně se podává
do devíti /hodin/.
/snyee-da-nye se
po-dá-vá do de-vee-tyi /ho-dyin/

Complaints

The door does not lock.	Dveře se nedají zamknout. /dve-rzhe se ne-da-yee zam-knowt/
There is no hot/cold water.	Neteče horká/studená voda. /ne-te-che hor-ká/ stu-de-ná vo-da/
The ... does not work.	... nefunguje. /ne-fun-gu-ye/
toilet	Záchod /zá-khot/
heating	Topení /to-pe-nyee/
shower	Sprcha /spr-kha/
light	Světlo /svyet-lo/
telephone	Telefón /te-le-fón/
radio	Rádio /rá-di-yo/

At Reception Desk

Any ... for me?	Nemám tu nějaký ...? /ne-mám tu nye-ya-kee/
mail/post	dopis /do-pis/
message	vzkaz /fskas/

Any telephone calls for me?	Nevolal mi někdo? /ne-vo-lal mi nye-gdo/
I am expecting a...	Očekávám ... /o-che-ká-vám/
letter.	dopis. /do-pis/
friend.	přítele. /przhee-te-le/
phone call.	telefón. /té-le-fón/
Can I get ... here?	Prodáváte tu ...? /pro-dá-vá-te tu/
postcards	pohlednice /po-hled-nyi-tse/
stamps	poštovní známky /posh-tov-nyee znám-ki/
Will you send this letter/cable for me?	Můžete poslat tenhle dopis/telegram? /moo-zhe-te pos-lat ten-hle do-pis/te-le-gram/

. There is a ... for you.	. Máte tu ... /má-te tu/
letter	dopis. /do-pis/
message	vzkaz. /fskas/
. Someone wants to see you.	. Máte tady návštěvu. /má-te ta-di ná-fshtye-vu/

Checking Out

I am leaving ...	Odjíždím ... /od-yeezh-dyeem/
tomorrow.	zítra. /zeet-ra/
tonight.	dnes večer. /dnes ve-cher/
What time do I have to check out?	V kolik hodin musím uvolnit pokoj? /fko-lik ho-dyin mu-seem u-vol-nyit po-koy/
Make out my bill, please.	Připravte mi účet, prosím. /przhi-praf-te mi oo-chet, pro-seem/
Do you accept credit cards?	Mohu platit kreditovou kartou? /mo-hu pla-tyit kre-di-to-vow kar-tow/
Bring my luggage, please.	Přineste má zavazadla, prosím. /przhi-nes-te má za-va-zad-la, pro-seem/
Can you call a taxi, please.	Zavolejte mi taxíka, prosím vás. /za-vo-ley-te mi ta-ksee-ka, pro-seem vás/

RESTAURANTS AND MEALS

The Czechoslovak cuisine has very good re-
putation. The dishes like roast pork with
dumplings and cabbage /vepřová pečeně,
knedlík a zelí/, svíčková /marinated beef
with cream sauce/ or Hungarian goulash are
very tasty but also very filling. Do not
forget to try game specialities and delic-
ate Prague ham /pražská šunka/. Because
fresh vegetable is sometimes in short sup-
ply, many dishes are served with crunchy
pickled gherkins. The country is famous
for its excellent beers, particularly Pil-
sen Urquell /plzeňská dvanáctka/. Local
liquer Becherovka is strongly recommended
for good digestion.

Places to Go /to eat/

Restaurace /res-taw-ra-tse/
 Restaurant where you can have lunch or din-
ner. Hotel's restaurants serve usually inter-
national dishes.

Hospoda /hos-po-da/
 Pub is serving beer and simple dishes of
country food.

Vinárna /vi-nár-na/
 Wine Stube, a place serving wine and din-
ners, mainly meals to order.

Automat /aw-to-mat/
 Cafeteria or Snack Bar. Here are served rea-
dy made, prepared meals or snacks. The favor-
ite snack are open sandwiches and fried sau-
sages.

Mléčný bar /mléch-nee bar/
  Milk Bar/Snack Bar is serving variety of
milk products. You can have a very good
breakfast there.

Řeznictví /rzhez-nyits-tvee/
  Large Butcher Shop; there you can eat sau-
sages, soups and various meat snacks with
bread and mustard or horseredish.

Kavárna /ka-vár-na/
  Café/Coffee House; there you can get good
black coffee with cream and various cakes.
Soft drinks, even wine is also served.

Cukrárna /tsuk-rár-na/
  A Pastry Shop; this serves pastries and
cakes.

Bar /bar/
  A place opened usually till 2.00 -3.00A.M.,
serving cocktails and drinks.

---

breakfast	snídaně
	/snyee-da-nye/
lunch	oběd
	/o-byed/
dinner	večeře
	/ve-che-rzhe/

Breakfast is usually only tea or coffee,
piece of bread and butter or a roll with
jam. But lunches are served as large as
dinners in many restaurants.

| Can you recommend a good restaurant? | Můžete mi doporučit dobrou restauraci? /moo-zhe-te mi do-po-ru-chit dob-row res-taw-ra-tsi/ |

At the Restaurant

- Welcome.
  - Dobrý den/Dobrý večer.
    /dob-ree den/dob-ree
    ve-cher/

- Do you have a re-
  servation?
  - Máte objednaný stůl?
    /má-te ob-yed-na-nee
    stool/

- Where do you want
  to sit?
  - Kam si chcete sednout?
    /kam si khtse-te sed-
    nowt/

- Sorry, this table
  is reserved.
  - Bohužel, tento stůl je
    zamluven.
    /bo-hu-zhel, ten-to
    stool ye za-mlu-ven/

- Do you like to
  sit ...?
  - Chcete sedět ...?
    /khtse-te se-dyet/

    by the window
       u okna
       /u ok-na/

    in the corner
       v rohu
       /vro-hu/

- This way, please.
  - Tudy, prosím.
    /tu-di, pro-seem/

Is there any table
free?
  Máte nějaký stůl volný?
  /má-te nye-ya-kee
  stool vol-nee/

Is this table free?
  Je tenhle stůl volný?
  /ye ten-hle stool
  vol-nee/

Are these seats
taken/free?
  Jsou ta místa obsaze-
  ná/volná?
  / sow ta mees-ta ob-
  sa-ze-ná/vol-ná/

I would like a ta-
ble for two/four.
  Jeden stůl pro dva/
  čtyři, prosím.
  /ye-den stool pro
  dva/chti-rzhi, pro-seem/

I have a reserva- tion. My name is ..	Mám objednaný stůl na jméno ... /mám ob-yed-na-nee stool na mé-no/
Give me a table ...	Dejte mi stůl ... /dey-te mi stool/
by the window.	u okna. /u ok-na/
on the terrace.	na terase. /na te-ra-se/

Ordering

Waiter, please!	Pane vrchní! /pa-ne vrkh-nyee/
Miss, please!	Slečno! /slech-no/
A menu, please.	Jídelní lístek, pro- sím. /yee-del-nyee lees- tek, pro-seem/
What is today's special?	Jakou máte dnes spe- cialitu? /ya-kow má-te dnes spe-tsi-a-li-tu/
What do you recom- mend?	Co mi doporučujete? /tso mi do-po-ru- chu-ye-te/
• What would you like?	• Co si přejete? * Co si račte přát? /tso si przhe-ye-te * tso si rach-te przhát/
• What will you have?	• Co si dáte? /tso si dá-te/

- What have you chosen?
- Co jste si vybrali?
  /tso ste si vi-bra-li/

- What do you want to drink?
- Co si přejete k pití?
  /tso si przhe-ye-te kpi-tyee/

- Today's special is ...
- Dnešní specialita je ...
  /dnesh-nyee spe-tsi-a-li-ta/

- Today we have got..
- Dnes máme ...
  /dnes má-me/

I will have ...
Dám si ...
/dám si/

We would like ...
Chtěli bychom ...
/khtye-li bi-khom/

Bring me/us ...
Přineste mi/nám ...
/przhi-nes-te mi/nám/

Bring me a/the ... please.
Přineste mi ... prosím.

  menu
    jídelní lístek
    /yee-del-nyee lees-tek/

  wine list
    vinný lístek
    /vi-nee lees-tek/

  knife
    nůž
    /noozh/

  fork
    vidličku
    /vid-lich-ku/

  spoon
    lžíci
    /zhee-tsi/

  plate
    talíř
    /ta-leerzh/

glass	sklenici /skle-nyi-tsi/
cup	šálek /shá-lek/
napkin	ubrousek /u-brow-sek/
ashtray	popelník /po-pel-nyeek/
Can I have /some/.. ...?	Mohu dostat ...? /mo-hu dos-tat/
bread	chléb /khlép/
butter	máslo /más-lo/
glass of water	sklenici vody /skle-nyi-tsi vo-di/
dessert	nějaký moučník /nye-ya-kee mowch-nyeek/
fruit	nějaké ovoce /nye-ya-ké o-vo-tse/
sugar	cukr /tsu-kr/
salt	sůl /sool/
pepper	pepř /peprzh/
mustard	hořčici /horzh-chi-tsi/
tea/coffee	čaj/kávu /chay/ká-vu/

Bring some more.. ... please.	Přineste/Dejte mi ještě ... prosím. /przhi-nes-te/dey-te mi yesh-tye .. pro-seem/
water	vodu /vo-du/
wine	víno /vee-no/
bread	chléb /khlép/
• Sorry, there is no ... left.	• Lituji, ale ... už není/nejsou. /li-tu-yi,a-le.. uzh ne-nyee/ney-sow/
• Would you like anything else?	• Přejete si ještě něco? /przhe-ye-te si yesh-tye nye-tso/

Complaints

This is not ...	Tohle není ... /to-hle ne-nyee/
clean.	čisté. /chis-té/
fresh.	čerstvé. /cher-stvé/
hot/cold.	horké/studené. /hor-ké/stu-de-né/
This is under-cooked/burnt.	Toto je nedovařené/připálené. /to-to ye ne-do-va-rzhe-né/przhi-pá-le-né/

This is too ...	Tohle je příliš ... /to-hle ye przhee-lish/
tough.	tvrdé. /tvr-dé/
dry.	suché. /su-khé/
fat.	tučné. /tuch-né/
spicy.	kořeněné. /ko-rzhe-nye-né/
salty.	slané. /sla-né/
This is not what we ordered.	Toto jsme neobjednali. /to-to sme ne-ob-yed-na-li/
Please, take it away.	Prosím vás, odneste to. /pro-seem vás, od-nes-te to/

Paying

Tip, which is in Czech called spropitné, is usually 10%.

The bill, please!	Pane vrchní, platím! /pa-ne vrkh-nyee, pla-tyeem/
Is service included?	Je to včetně obsluhy? /ye to vchet-nye ob-slu-hi/
There is a mistake.	Tady je chyba. /ta-di ye khi-ba/
Keep the change.	To je pro vás. /to-ye pro vás/

Menu Terms

předkrmy /przhet-kr-mi/	appetizers, hors d'oeuvres
polévky /po-léf-ki/	soups
drůbež /droo-bezh/	poultry
ryby /ri-bi/	fish
zvěřina /zvye-rzhi-na/	venison, game dishes
uzeniny /u-ze-nyi-ni/	sausages, cold cuts, smoked meat
maso: /ma-so/	meat:
hovězí /ho-vye-zee/	beef
vepřové /vep-rzho-vé/	pork
telecí /te-le-tsee/	veal
uzené /u-ze-né/	smoked
omáčky /o-mách-ki/	sauces
přílohy /przhee-lo-hi/	side orders
saláty /sa-lá-ti/	salads
zelenina /ze-le-nyi-na/	vegetables

moučníky /mowch-nyee-ki/	desserts, pastry
ovoce /o-vo-tse/	fruit
nápoje /ná-po-ye/	drinks, beverages

Preparation of Food

Meals are usually divided into two groups: hotová jídla - prepared, ready to serve meals, and jídla na objednávku, minutky - meals to order, which are made in about twenty minutes.

syrový /si-ro-vee/	raw
vařený /va-rzhe-nee/	cooked, boiled
dušený /du-she-nee/	sautéed, stewed
nadívaný /na-dyee-va-nee/	stuffed
pečený /pe-che-nee/	roasted
pečený na rožni/ na grilu /pe-che-nee na rozh-nyi/na gri-lu	grilled, broiled
sekaný/mletý /se-ka-nee/mle-tee/	chopped, minced
smažený /sma-zhe-nee/	fried

uzený /u-ze-nee/	smoked
biftek: /bif-tek/	steak:
krvavý /kr-va-vee/	rare
středně vypečený /strzhed-nye vi-pe-che-nee/	medium
hodně vypečený /hod-nye vi- pe-che-nee/	well done

Seasonings

koření /ko-rzhe-nyee/	spices
sůl /sool/	salt
cukr /tsu-kr/	sugar
pepř /peprzh/	pepper
paprika /pa-pri-ka/	red paprika
hořčice /horzh-chi-tse/	mustard
křen /krzhen/	horse-radish
majonéza /ma-yo-né-za/	mayonnaise
olej /o-ley/	oil
ocet /o-tset/	vinegar

petržel /pe-tr-zhel/	parsley
pažitka /pa-zhit-ka/	chives
česnek /ches-nek/	garlic
kmín /kmeen/	caraway-seeds
skořice /sko-rzhi-tse/	cinnamon

<u>Snídaně</u> /snyee-da-nye/	<u>Breakfast</u>
ovocná šťáva, džus /o-vots-ná shtyá- va, dzhus/	fruit juice
čaj /chay/	tea
káva /ká-va/	coffee
kakao /ka-ka-o/	chocolate milk, cocoa
mléko /mlé-ko/	milk
chléb /khlép/	bread
houska, rohlík /hows-ka,roh- leek/	roll
loupáček /low-pá-chek/	butter roll, croissant
máslo /más-lo/	butter

marmeláda/džem /mar-me-lá-da/ dzhem/	jam, marmelade
vločky /vloch-ki/	cereal
omeleta /o-me-le-ta/	omelet
vejce ... /vey-tse/	... eggs
vařená /va-rzhe-ná/	boiled
na tvrdo /na tvr-do/	hard-boiled
na měkko /na mnye-ko/	soft-boiled
smažená /sma-zhe-ná/	fried
míchaná /mee-kha-ná/	scrambled
se šunkou /se shun-kow/	ham and ...
se slaninou /se sla-nyi-now/	bacon and ...
grapefruit /grep-frut/	grapefruit
pomeranč /po-me-ranch/	orange
citrón /tsi-trón/	lemon
palačinky /pa-la-chin-ki/	crèpes

Předkrmy /przhet-kr-mi/	Appetizers, Hors d´Oeuvres
Buřty s cibulí. /burzh-ti stsi-bu-lee/	Knockwurst with onion.
Husí/Tresčí játra. /hu-see/tres-chee yát-ra/	Goose/Cod liver.
Kaviár s citrónem. /ka-vi-yár stsi-tró-nem/	Black caviar with lemon.
Humrová majonéza. /hum-ro-vá ma-yo-né-za/	Mayonnaise with crab meat.
Losos. /lo-sos/	Smoked salmon.
Mozeček. /mo-ze-chek/	Brains.
Omeleta ... /o-me-le-ta/	... omelet.
se šunkou. /se shun-kow/	**Ham**
se sýrem. /se see-rem/	Cheese
se žampióny, /se zham-pi-yó-ni/	Mushroom
Párky s hořčicí. /pár-ki shorzh-chi-tsee/	Frankfurters with mustard.
Paštika. /pash-tyi-ka/	Liver pâté.

... salám.	...salami.
/sa-lám/	
Šunkový	Ham
/shun-ko-vee/	
Uherský	Hungarian
/u-her-skee/	
Sardinky s cibul-	Sardines with chopped
kou.	onion.
/sar-din-ki stsi-	
bul-kow/	
Sleď/Slaneček ma-	Marinated herring.
rinovaný.	
/sleť/sla-ne-chek	
ma-ri-no-va-nee/	
Šunka s křenem.	Ham with horse-radish.
/shun-ka skrzhe-	
nem/	
Tatarské toasty.	Toasts with spiced
/ta-tar-ské tow-	raw chopped steak.
sti/	
Tlačenka s octem	Head cheese dressed
a cibulí.	with vinegar and
/tla-chen-ka	onion.
sots-tem a tsi-	
bu-lee/	
... vejce.	Eggs ...
/vey-tse/	
Humrová	on crab meat.
/hum-ro-vá/	
Ruská	on potato salad.
Uzený jazyk.	Smoked tongue.
/u-ze-nee ya-	
zik/	

Polévky /po-léf-ki/	Soups
Hovězí vývar/ Bouillon ... /ho-vye-zee vee-var/	Beef broth ...
s nudlemi. /snu-dle-mi/	with noodles.

s játrovými kned-
  líčky.
  /syát-ro-vee-mi
  kned-leech-ki/
	with liver dump-
	lings.

... polévka. /po-léf-ka/	... soup.
Bramborová /bram-bo-ro-vá/	Potato
Cibulová /tsi-bu-lo-vá/	Onion
Čočková /choch-ko-vá/	Lentil

Drůbková-bílá
  /droop-ko-vá
  bee-lá/
	Creamy chicken

Dršťková /drsht^y-ko-vá/	Tripe
Gulášová /gu-lá-sho-vá/	Spicy meat
Houbová /how-bo-vá/	Mushroom
Hrachová /hra-kho-vá/	Thick pea
Pórková /pór-ko-vá/	Leek

Rajská /ray-ská/	Tomato
Rybí /ri-bee/	Fish
Slepičí /sle-pi-chee/	Chicken
Zeleninová /ze-le-nyi-no-vá/	Vegetable
Zelňačka /zel-nyach-ka/	Soup with sauerkraut, potatoes and ham.

Drůbež
/droo-bezh/

Poultry

Drůbky zadělávané. /droop-ki za-dye-lá-va-né/	Intestines and meat from any kind of poultry in thick creamy sauce.
Holoubě nadívané. /ho-low-bye na-dyee-va-né/	Stuffed young pigeon.
Husa, knedlík a zelí. /hu-sa,kned-leek a ze-lee/	Roasted goose with dumplings and cabbage.
Kachna pečená. /kakh-na pe-che-ná/	Roasted duckling.
Krůta s bramborem a brusinkami. /kroo-ta sbram-bo-rem a bru-sin-ka-mi/	Roasted turkey with potatoes and cranberries preserve.
Slepice na paprice. /sle-pi-tse na pa-pri-tse/	Young hen in sweet and sour paprika sauce.

... kuře.   ... chicken.
/ku-rzhe/

   Pečené   Roasted
   /pe-che-né/

   Nadívané   Stuffed
   /na-dyee-va-né/

   Smažené   Fried
   /sma-zhe-né/

Ryby   Fish
/ri-bi/

Fried carp with potato salad is a national
Christmas dish but seafood is quite expen-
sive and rare in Czechoslovakia.

humr   lobster
/hu-mr/

kapr   carp
/ka-pr/

krevety   shrimps
/kre-ve-ti/

losos   salmon
/lo-sos/

makrela   mackrel
/mak-re-la/

platýz   sole, plaice
/pla-tees/

pstruh   trout
/pstrukh/

sleď, slaneček   herring
/sleť,sla-ne-
chek/

štika   pike
/shtyi-ka/

treska /tres-ka/	cod
tuňák /tu-nyák/	tuna
úhoř /oo-horzh/	eel
ústřice /oos-trzhi-tse/	oysters

Zvěřina /zvye-rzhi-na/	Venison, Game Dishes
Bažant pečený. /ba-zhant pe-che-nee/	Roasted pheasant.
Kanec na divoko. /ka-nets na dyi- vo-ko/	Spicy wild boar.
Koroptev... /ko-rop-tef/	Partridge ...
Křepelka ... /krzhe-pel-ka/	Quail ...
Srnčí na smetaně/ na víně. /srn-chee na sme- ta-nye/na vee-nye/	Venison with cream/ wine sauce.
Zajíc na smetaně/ na černo. /za-yeets na sme- ta-nye/na cher-no/	Hare with cream/dark sweet sauce.

Uzeniny	Smoked Meat and
/u-ze-nyi-ni/	Cold Cuts

If you like fast food try a fried sausage with mustard.

játrová paštika /yát-ro-vá pash-tyi-ka/	liver sausage
jelito /ye-li-to/	blood sausage
jitrnice /yi-tr-nyi-tse/	unsmoked white sausage
klobása /klo-bá-sa/	sausage
párek /pá-rek/	frankfurter, hot dog
salám /sa-lám/	salami
šunka /shun-ka/	ham
tlačenka /tla-chen-ka/	head cheese
vuřt	vurst, hot dog

Maso	Meat
/ma-so/	

Biftek s vejcem. /bif-tek svey-tsem/	File Mignon /steak/ with fried egg.
Tatarský biftek. /ta-tar-skee bif-tek/	Raw chopped steak.

Čevabčiči obložené.   Fried rolls of ground
/che-vab-chi-chi   meat with pickles.
ob-lo-zhe-né/

Dršťky zadělávané.   Tripes in white sauce.
/drsh-t'ki za-dye-
lá-va-né/

Hovězí guláš.   Goulash, beef stew
/ho-vye-zee gu-   with dumplings.
lásh/

Hovězí maso vařené..   Boiled beef which is
/ho-vye-zee ma-   served with various
so va-rzhe-né/   sauces, dumplings or
                             rice.

Jehněčí pečeně.   Roasted lamb.
/yeh-nye-chee pe-
che-nye/

Karbanátek s bram-   Hamburger /beef and
borem.   pork mixture/ with
/kar-ba-ná-tek   potatoes.
sbram-bo-rem/

Králík pečený.   Roasted rabbit.
/krá-leek pe-che-
nee/

Ledvinky s rýží.   Braised kidneys in
/led-vin-ki sree-   gravy with rice.
zhee/

Mozeček s vejci.   Chopped veal brain
/mo-ze-chek svey-   with scrambled eggs.
tsi/
Ovar s křenem.   Boiled pork with
/o-var skrzhe-   horse-radish.
nem/

Ražniči.   Beef or pork cubes
/razh-nyi-chi/   broiled on a skewer.

Roláda...   Meat roullade...
/ro-lá-da/

Roštěná ...	Broiled or barbecued
/rosh-tye-ná/	steak...
na rožni, bram-	Steak with French
borové hranolky.	fries.
/na rozh-nyi,bram-	
bo-ro-vé hra-nol-	
ki/	
na víně s kned-	Steak sautéed in
líkem.	wine sauce with
/na vee-nye/	dumplings.
Sekaná pečeně se	Meat loaf with cabbage.
zelím.	
/se-ka-ná pe-che-	
nye se ze-leem/	
Skopové na česneku.	Lamb roast with garlic.
/sko-po-vé na	
ches-ne-ku/	
Svíčková na smetaně,	Marinated beef in
brusinky.	cream sauce with
/sveech-ko-vá na	cranberries.
sme-ta-nye,bru-	
sin-ki/	
Španělský ptáček	Beef roullade with
s rýží.	gravy and rice.
/shpa-nyel-skee	
ptá-chek sree-zhee/	
Špíz. .	Meat on a skewer.
/shpees/	
Šunkofleky.	Lasagna, pasta with
/shun-ko-fle-ki/	smoked ham.
Telecí játra oblo-	Broiled veal liver,
žená.	garnished with pic-
/te-le-tsee yát-	kles and sauce tartar.
ra ob-lo-zhe-ná/	
Telecí pečeně ...	Veal roast ...
/te-le-tsee pe-	
che-nye/	

Telecí řízek ...   Wiener schnitzel ...
/te-le-tsee rzhee-
zek/

  přírodní.   Veal steak au na-
  /przhee-rod-nyee/   turel.

  smažený.   Breaded and fried
  /sma-zhe-nee/   veal steak.

Vepřová pečeně, kned- Pork roast with dump-
lík, zelí.   lings and white cab-
/vep-rzho-vá pe-che-   bage or sauerkraut.
nye, kned-leek,ze-lee/

Vepřové žebírko po   Pork spare ribs with
srbsku.   peppers and onion.
/vep-rzho-vé zhe-
beer-ko po srp-sku/

Vepřová kotleta ...   Pork cutlet ...
/vep-rzho-vá kot-
le-ta/

Uzené, bramborový   Smoked pork with po-
knedlík, zelí.   tato dumplings and
/u-ze-né,bram-bo-   sauerkraut.
ro-vee kned-leek
ze-lee/

Omáčky   Sauces
/o-mách-ki/

Beef is very often served in thick, creamy
sauce with dumplings or potatoes.

... omáčka.   ... sauce.
/o-mách-ka/

  Cibulová   Onion
  /tsi-bu-lo-vá/

  Houbová   Mushroom
  /how-bo-vá/

Koprová /kop-ro-vá/	Dill
Okurková /o-kur-ko-vá/	Sweet and sour gherkin
Rajská /ray-ská/	Tomato
Smetanová /sme-ta-no-vá/	Cream

Přílohy
/przhee-lo-hi/

Side Orders

Bramborová kaše. /bram-bo-ro-vá ka-she/	Mashed potatoes.
Bramborové hranolky. /bram-bo-ro-vé hra-nol-ki/	French fries, pommes frites.
Bramborové knedlíky. /bram-bo-ro-vé kned-lee-ki/	Dumplings /made from potatoes and flour/.
Brambory vařené/ opékané. /bram-bo-ri va-rzhe-né/o-pé-ka-né/	Boiled/fried potatoes.
Houskové knedlíky. /how-sko-vé kned-lee-ki/	Dumplings /made from flour and diced white bread/.
Rýže. /ree-zhe/	Rice.
Makarony. /ma-ka-ro-ni/	Macaroni.
Nudle. /nud-le/	Noodles.

Saláty	**Salads**
/sa-lá-ti/	
... salát.	... salad.
/sa-lát/	
Hlávkový	Green tossed/
/hláf-ko-vee/	Lettuce
Okurkový	Cucumber
/o-kur-ko-vee/	
Zelný	Salad from white/
/zel-nee/	red cabbage.
Salát z rajských	Tomato salad.
jablíček.	
/sa-lát zray-skeekh	
yab-lee-chek/	
Zelenina	**Vegetables**
/ze-le-nyi-na/	
brambory	potatoes
/bram-bo-ri/	
celer	celery
/tse-ler/	
cibule	onion
/tsi-bu-le/	
čočka	lentil
/choch-ka/	
fazole bílé/červené	white/red kidney
/fa-zo-le bee-lé/	beans
cher-ve-né/	
fazolky zelené	green, string
/fa-zol-ki ze-le-né/	beans
houby	mushrooms
/how-bi/	
hrách zelený/žlutý	green/yelow peas
/hrákh ze-le-nee/	
zhlu-tee/	

hrášek zelený /hrá-shek ze- le-nee/	tiny green peas
chřest /khrzhest/	asparagus
kapusta /ka-pus-ta/	curly cabbage
kedlubna /ked-lub-na/	kohl-rabi
křen /krzhen/	horse-radish
květák /smažený/ /kvye-ták sma- zhe-nee/	cauliflower /fried cauliflower with po- tatoes is very often served as a main course./
mrkev /mr-kef/	carrot
okurka /salátová/ /o-kur-ka /sa- lá-to-vá/	cucumber
paprika /plněná/ /pap-ri-ka /pl- nye-ná/	/stuffed/ green pepper
petržel /pe-tr-zhel/	parsley
pórek /pó-rek/	leek
rajské jablíčko /ray-ské yab- leech-ko/	tomato
špenát /shpe-nát/	spinach
zelí hlávkové/ kyselé /ze-lee hláf-ko- vé/ki-se-lé/	cabbage/sauerkraut

Moučníky	Desserts, Pastry
/mowch-nyee-ki/	
Bábovka.	Sponge cake.
/bá-bof-ka/	
Buchty s mákem/	Pastry with poppy
s tvarohem.	seed/cottage cheese
/bukh-ti smá-kem/	filling.
stva-ro-hem/	
Čokoládový/Vanilkový	Chocolate/Vanilla
puding se šle-	custard with whipped
hačkou.	cream.
/cho-ko-lá-do-vee/	
va-nil-ko-vee pu-	
dink se shle-hach-	
kow/	
Dorty.	Cakes.
/dor-ti/	
Jablkový závin.	Apple strudel.
/ya-bl-ko-vee	
zá-vin/	
Koblihy.	Doughnuts.
/ko-bli-hi/	
Koláče.	Pastry with various
/ko-lá-che/	fillings.
Krém karamel.	Caramel custard.
/krém ka-ra-mel/	
Lívance.	Small pancakes.
/lee-van-tse/	
Omeleta se zava-	Omelet with jam.
řeninou.	
/o-me-le-ta se za-	
va-rzhe-nyi-now/	
Ovoce se šlehačkou.	Fruit with whipped
/o-vo-tse se shle-	cream.
hach-kow/	

Palačinky s jaho- dami a šlehačkou. /pa-la-chin-ki sya-ho-da-mi a shle-hach-kow/	Crêpes, pancakes with strawberries and whipped cream.
Perník. /per-nyeek/	Ginger bread.
Piškot s třešněmi /bublanina/. /pish-kot strzhe- shnye-mi/bub-la- nyi-na/	Sponge cake with cherries.
Rýžový nákyp. /ree-zho-vee ná- kip/	Rice pudding.
Škubánky s tvarohem/ mákem. /shku-bán-ki stva- ro-hem/má-kem/	Mashed potatoes with sweet cottage cheese/ poppy seed toping.
Švestkové/Meruňkové knedlíky. /shvest-ko-vé/me- run'-ko-vé kned- lee-ki/	Plum/Apricot dump- lings, topped with cottage cheese, sugar and butter. The favo- rite local sweet dish.
Zmrzlina. /zmrz-li-na/	Ice cream.
Žemlovka. /zhem-lof-ka/	Bread pudding with apples.
... sýr. /seer/	... cheese.
Krémový /kré-mo-vee/	Cream
Plísňový /plees-nyo-vee/	Blue
Hermelín. /her-me-leen/	Brie.
Tvaroh. /tva-rokh/	Cottage cheese.

<u>O**v**o**c**e</u> <u>F**ruit**</u>
/o-vo-tse/

Kompoty - fruit preserves in heavy syrup
are sometimes served instead of salad with
meat dish.

ananas /a-na-nas/	pineapple
angrešt /an-gresht/	gooseberries
banán /ba-nán/	banana
borůvky /bo-roof-ki/	blueberries
broskev /bros-kef/	peach
brusinky /bru-sin-ki/	cranberries
citrón /tsit-rón/	lemon
datle /dat-le/	dates
fíky /fee-ki/	figs
grapefruit /grep-frut/	grapefruit
hruška /hrush-ka/	pear
jablko /ya-bl-ko/	apple
jahody /ya-ho-di/	strawberries
maliny /ma-li-ni/	raspberries

mandarinka /man-da-rin-ka/	tangerine
mandle /man-dle/	almonds
meloun /me-lown/	water melon
meruňka /me-run^y-ka/	apricot
ořechy /o-rzhe-khi/	nuts
pomeranč /po-me-ranch/	orange
reveň /re-ven^y/	rhubarb
rybíz /ri-bees/	currants
švestka /shvest-ka/	plum
sušená švestka /su-she-ná shvest-ka/	prune
třešně /trzhesh-nye/	cherries
vinné hrozny /vi-né hroz-ni/	grapes

Nápoje /ná-po-ye/	Beverages, Drinks
Čaj ... /chay/	Tea ...
s citrónem. /stsi-tró-nem/	with lemon.
s mlékem. /smlé-kem/	with milk.

Čokoláda. /cho-ko-lá-da/	Chocolate milk.
Kakao. /ka-ka-o/	Cocoa.
... káva. /ká-va/	... coffee.
Bílá /bee-lá/	White
Černá/Turecká /cher-ná/tu-rets-ká/	Black/Turkish
Káva/Čaj ... /ká-va/chay/	Coffee/Tea ...
s cukrem. /stsuk-rem/	with sugar.
bez cukru. /bes tsuk-ru/	without sugar.
Mléko /mlé-ko/	Milk.

Nealkoholické nápoje

Soft Drinks

Jablečný mošt. /yab-lech-nee mosht/	Apple cider.
Limonáda. /li-mo-ná-da/	Lemonade.
Minerálka. /mi-ne-rál-ka/	Mineral water.
Sodovka. /so-dof-ka/	Soda water.

... /ovocná/ šťáva. /o-vots-ná/ shtyá-va/	... /fruit/ juice.
Ananasová /a-na-na-so-vá/	Pineapple
Pomerančová /po-me-ran-cho-vá/	Orange

Alkoholické nápoje   Alcoholic Drinks
/al-ko-ho-lits-ké ná-po-ye/

Becherovka /be-khe-rof-ka/	Bitter stomach liqueur
... pivo. /pi-vo/	... beer.
Černé /cher-né/	Dark
Světlé /svyet-lé/	Light
Plzeňské /pl-zen^y-ské/	Pilsner Urquell
Koňak. /ko-nyak/	Brandy/Cognac.
Rum. /rum/	Rum.
Slivovice. /sli-vo-vi-tse/	Plum brandy.
Bílé/Červené víno. /bee-lé/cher-ve-né vee-no/	White/Red wine.
Láhev vína. /lá-hef vee-na/	A bottle of wine.

TRAVEL

In the City

In the cities public transport is usually
very good. Subway, buses, trolley buses
and street cars /tramvaje/ provide good
service but taxis need some improvement.
Transportation between cities is mostly
provided by trains and buses.

Inquiring One's Way

Excuse me, where is ...?	Promiňte, kde je...? /pro-miny-te,gde ye/
.. square	.. náměstí /ná-mnyes-tyee/
.. street	.. ulice /u-li-tse/
.. museum	.. museum /mu-ze-um/
.. theater	.. divadlo /dyi-vad-lo/
.. bank	.. banka /ban-ka/
.. post office	.. pošta /posh-ta/
How can I get to...?	Jak se dostanu...? /yak se do-sta-nu/
What street is this?	Jak se jmenuje tato ulice? /yak se me-nu-ye ta-to u-li-tse/

Is this ...?	Je tohle ...? /ye to-hle/
.. street	.. ulice /u-li-tse/
.. square	.. náměstí /ná-mnyes-tyee/
.. building	budova .. /bu-do-va/
I want to go to the ...	Chci se dostat na... /khtsi se dos-tat na/
train station.	nádraží. /ná-dra-zhee/
bus station.	autobusové ná- draží. /aw-to-bu-so-vé ná-dra-zhee/
airport.	letiště. /le-tyish-tye/
.. Embassy.	..vyslanectví. /vi-sla-nets- tvee/
Please, show me the way to ...	Prosím vás, ukažte mi cestu na/k ... /pro-seem vás,u- kazh-te mi tses-tu na/k/
How far is it?	Jak je to daleko? /yak ye to da-le-ko/
Can I walk there?	Dostanu se tam pěšky? /do-sta-nu se tam pyesh-ki/
I have lost my way.	Ztratil/la jsem se. /stra-tyil/la sem se/

- Go straight on!
- Jděte pořád rovně!
  / dye-te po-rzhát rov-nye/

- Turn to the right/ left.
- Zahněte doprava/do-leva.
  /za-hnye-te do-pra-va/do-le-va/

- The first/second street to the left/right ...
- První/druhá ulice doleva/doprava ...
  /prv-nyee/dru-há u-li-tse do-le-va/ do-pra-va/

- Cross the road/ bridge.
- Přejděte ulici/most.
  /przhey-dye-te u-li-tsi/most/

- At the corner ...
- Na rohu ...
  /na ro-hu/

- Go in the opposite direction.
- Jděte opačným smě-rem.
  / dye-te o-pach-neem smnye-rem/

- It is too far.
- Je to moc daleko.
  /ye to mots da-le-ko/

- Go by ...
- Jeďte ...
  /yed^y-te/

  metro/subway.
  metrem.
  /met-rem/

  tram.
  tramvají.
  /tram-va-yee/

  bus.
  autobusem.
  /aw-to-bu-sem/

  taxi.
  taxíkem.
  /ta-ksee-kem/

- You must turn back.
- Musíte se vrátit.
  /mu-see-te se vrá-tyit/

Town Transport

The easiest and fastest way to get around
in Prague /Praha/ is by metro/subway. You
must buy a farecard in advance at any to-
bacco store or stalls near to metro entran-
ces. The cost of one ticket is 1Kčs /crown/.
Do not forget to punch the farecard at the
station. When you are in the subway car you
will hear this announcement: Ukončete vý-
stup a nástup, dveře se zavírají. Příští
zastávka... This means: Finish your exit
and boarding, the door is closing. The next
stop is ...
The farecards are identical for the metro,
bus, tram or trolley bus. So you can get
a tour of almost entire city for 1Kčs on the
bus or tram line.

tram/streetcar	tramvaj/elektrika /tram-vay/e-lek-tri-ka/
bus	autobus /aw-to-bus/
trolley bus	trolejbus /tro-ley-bus/
subway	metro /met-ro/
I want to go by tram/bus No...	Chci jet tramvají/ autobusem číslo ... /khtsi yet tram-va-yee/aw-to-bu-sem chees-lo/
Which line goes to ...?	Která linka jede ...? /kte-rá lin-ka ye-de/
Which trolley bus goes to ...?	Který trolejbus jede do/na ...? /kte-ree tro-ley-bus ye-de do/na/

Does this tram/bus go to ...?	Jede tahle/tenhle tramvaj/autobus do/na ...? /ye-de ta-hle/ten- hle tram-vay/aw- to-bus do/na/
Where is the ...?	Kde je tady ...? /gde ye ta-di/
tram stop	zastávka tramvaje /zas-táf-ka tram- va-ye/
bus stop	zastávka autobusu /zas-táf-ka aw- to-bu-su/
subway station	stanice metra /sta-nyi-tse met-ra/
Do I have to change ...?/buses, trams, lines/	Musím přestupovat? /mu-seem przhe-stu- po-vat/
Where do I get off?	Kde mám vystoupit? /gde mám vy-stow-pit/
I want to get off...	Chci ... vystoupit. /khtsi...vi-stow-pit/
here.	tady /ta-di/
at the next stop.	na příští zastávce /na przheesh-tyee zas-táf-tse/
How can I get to the center of town?	Jak se dostanu do stře- du města? /yak se do-sta-nu do strzhe-du mnyes-ta/
Conductor, do you go near ...?	Pane průvodčí, jedete poblíž ...? /pa-ne proo-vod-chee, ye-de-te po-bleezh/

- Take tram/bus No. ...

  - Jeďte tramvají/autobusem číslo ...
    /yeď-te tram-va-yee/aw-to-bu-sem chees-lo/

- The A/B/C line goes directly there.

  - Tam jede přímo linka A/B/C.
    /tam ye-de przhee-mo lin-ka A/B/C/

- Get off at the next stop.

  - Vystupte si na příští zastávce/stanici.
    /vi-stup-te si na przheesh-tyee zas-táf-tse/sta-nyi-tsi/

- You have to go by taxi.

  - Musíte si vzít taxíka.
    /mu-see-te si vzeet ta-ksee-ka/

Taxi

Where is a taxi stand?

Kde je stanoviště taxíků?
/gde ye sta-no-vish-tye ta-ksee-koo/

Please, call a taxi for me.

Prosím vás, zavolejte mi taxíka.
/pro-seem vás,za-vo-ley-te mi ta-ksee-ka/

Driver, are you free?

Jste volný?
/ste vol-nee/

Take me to this address.

Odvezte mě na tuhle adresu.
/od-ves-te mnye na tu-hle a-dre-su/

Stop here!

Tady zastavte!
/ta-di za-staf-te/

I want to go to ... Chci jet na ...
/khtsi yet na/

the airport. letiště.
/le-tyish-tye/

the train station. nádraží.
/ná-dra-zhee/

Turn right/left... Zahněte doprava/do-
leva. ..
/za-hnye-te do-pra-
va/do-le-va/

Go straight ahead. Jeďte pořád rovně.
/yed^y-te po-rzhát
rov-nye/

Stop in front of Zastavte u hotelu/bu-
the hotel/building.. dovy ...
/za-staf-te u ho-te-
lu/bu-do-vi/

Wait for me here. Počkejte tady na mne.
/poch-key-te ta-di
na mne.

What's the fare? Kolik platím? • Kolik
to stojí?
/ko-lik pla-tyeem •
ko-lik to sto-yee/

Keep the change. Zbytek si nechte.
/zbi-tek si nekh-te/

○ Where to, sir/ • Kam to bude? • Kam
madam? chcete jet?
/kam to bu-de • kam
khtse-te yet/

Train and Bus Travel

There are international express trains
which have first and second class compart-
ments, sleeping cars and dining cars.
Long distance trains usually have dining
facilities. Local trains and buses run fre-
quently between cities. Train and bus tick-
ets /místenky/ can be booked in advance at
the stations or at booking offices.

International Express Train	Mezinárodní rychlík /me-zi-ná-rod-nyee rikh-leek/
Passenger Train	Osobní vlak /o-sob-nyee vlak/

Inquiries

Where is the ...?	Kde je tu ...? /gde ye tu/
train/railway station	nádraží /ná-dra-zhee/
bus station	autobusové nádraží /aw-to-bu-so-vé ná-dra-zhee/
What time is the train/bus to ...?	V kolik hodin jede vlak/autobus do ...? /fko-lik ho-dyin ye-de vlak/aw-to-bus do/
Is it an express train?	Je to rychlík? /ye to rikh-leek/

Where do I have to switch? /trains, buses/	Kde musím přestupovat? /gde mu-seem przhe-stu-po-vat/
What is the connection like?	Jaké je spojení? /ya-ké ye spo-ye-nyee/
What time is it due in ...?	V kolik hodin je v ..? /fko-lik ho-dyin ye v/
Does the bus/train stop at ...?	Staví tento autobus/vlak v ...? /sta-vee ten-to aw-to-bus/vlak v/
Is there a ...?	Je tam ...? /ye tam/
dining car	jídelní vůz /yee-del-nyee voos/
sleeping car	spací vůz /spa-tsee voos/
Which platform does train/bus ... leave from?	Z kterého nástupiště odjíždí vlak/autobus do ...? /skte-ré-ho ná-stu-pish-tye od-yeezh-dyee vlak/aw-to-bus do/
Where can I get the tickets?	Kde se prodávají jízdenky? /gde se pro-dá-va-yee yeez-den-ki/
Where can I get seat reservations?	Kde mohu dostat místenky? /gde mo-hu dos-tat mees-ten-ki/

- You have to switch at ...
- Musíte přestoupit v/na ... /mu-see-te przhe-stow-pit v/na/

- Passenger train for ... leaves from platform one.
- Osobní vlak do ... odjíždí z prvního nástupiště. /o-sob-nyee vlak do.. od-yeezh-dyee sprv-nyee-ho ná-stu-pish-tye/

- Express train from Paris is arriving at platform two.
- Rychlík Paříž-Praha přijíždí na druhou kolej. /rikh-leek pa-rzhe-ezh pra-ha przhi-yeezh-dyee na dru-how ko-ley/

Railway Station

Timetable	Jízdní řád /yeezd-nyee rzhát/
Booking/Ticket Office	Jízdenky/ Pokladna /yeez-den-ki/po-klad-na/
Arrivals/Departures	Příjezdy/Odjezdy /przhee-yez-di/ od-yez-di/
Platform	Nástupiště /ná-stu-pish-tye/
Waiting Room	Čekárna /che-kár-na/
Left Luggage Office	Úschovna zavazadel /oos-khov-na za-va-za-del/
Lost Luggage	Ztráty a nálezy /strá-ti a ná-le-zi/

Tickets

How much is a ticket to ...?	Kolik stojí jízdenka do ...? /ko-lik sto-yee yeez-den-ka do/
Can I get seat reservations?	Mohu si zamluvit místenky? /mo-hu si za-mlu-vit mees-ten-ki/
A ticket to ... please.	Prosím jednu jízdenku do ... /pro-seem yed-nu yeez-den-ku do/
Two round-trip tickets to ... please.	Prosím dvě zpáteční jízdenky do... /pro-seem dvye spá-tech-nyee yeez-den-ki do/
Two seats in the non-smoking compartment, please.	Dvě místa v nekuřácích, prosím. /dvye mees-ta vne-ku-rzhá-tseekh, pro-seem/

A first class ticket	Jízdenka první třídy /yeez-den-ka prv-nyee trzhee-di/
A second class ticket	Jízdenka druhé třídy /yeez-den-ka dru-hé trzhee-di/
Smoking compartment	Kuřáci /ku-rzhá-tsi/
Non-smoking compartment	Nekuřáci /ne-ku-rzhá-tsi/

On the Platform

Does this train/bus go to ...?	Jede tenhle vlak/autobus do ...? /ye-de ten-hle vlak /aw-to-bus do/
Where are the first/ second class carriages?	Kde jsou vozy první/ druhé třídy? /gde sow vo-zi prv-nyee/dru-hé trzhee-di/
Where is a ...?	Kde je ...? /gde ye/
dining car	jídelní vůz /yee-del-nyee voos/
sleeping car	spací vůz /spa-tsee voos/

- At the back/ In the rear.
  - Vzadu.
    /vza-du/
- In front.
  - Vpředu.
    /fprzhe-du/
- In the middle.
  - Uprostřed.
    /u-pro-strzhet/
- At platform ...
  - Na ... nástupišti/ koleji.
    /na ..ná-stu-pish-tyi/ko-le-yi/
- The train from ... is coming.
  - Právě přijíždí vlak z ...
    /prá-vye przhi-yeezh-dyee vlak z/

In the Train/Bus

Excuse me, is this seat free?	Promiňte, je tohle místo volné? /pro-miny-te,ye tohle mees-to vol-né/
Is this seat taken?	Je toto místo obsazeno? /ye to-to mees-to ob-sa-ze-no/
I have got seat reservation No ...	Mám místenku číslo... /mám mees-ten-ku chees-lo/
Can I open/close the window?	Mohu otevřít/zavřít okno? /mo-hu o-te-vrzheet/ za-vrzheet ok-no/
Where are we now?	Kde jsme teď? /gde sme teďy/
Please tell me where to get off.	Řekněte mi prosím, kde mám vystoupit. /rzhek-nye-te mi pro-seem, gde mám vi-stow-pit/
Do I switch here for ...?	Přestupuji tady do...? /przhe-stu-pu-yi ta-di do/
• Don't lean out of the window!	• Nenahýbat se z okna! /ne-na-hee-bat se sok-na/
• Tickets, please.	• Jízdenky, prosím. /yeez-den-ki,pro-seem/
• You should get off at the next station.	• Vystupte si na příští stanici. /vi-stup-te si na przheesh-tyee sta-nyi-tsi/

Plane

Czechoslovakia can be reached directly or
with easy connections from all internatio-
nal airports. Many international airlines
are well represented there. ČSA - Czecho-
slovak Airlines operates all domestic
flights to major cities and also interna-
tional flights to many cities in the world.
There is international airport in Ruzyně,
Prague /Praha/.

Airline Office

I want to make a re- servation.	Chtěl bych si objed- nat letenku. /khtyel bikh si ob- yed-nat le-ten-ku/
When is the flight to ...?	Kdy letí letadlo do..? /gdi le-tyee le-tad- lo do/
How much is a ticket to ...?	Kolik stojí letenka do ...? /ko-lik sto-yee le- ten-ka do/
How much is the ... ticket?	Kolik stojí letenka..? /ko-lik sto-yee le- ten-ka/
first class	první třídy /prv-nyee trzhee- di/
economy class	turistické třídy /tu-ris-tits-ké trzhee-di/
I need a return ticket to ...	Chci zpáteční letenku do ... /khtsi spá-tech-nyee le-ten-ku do/

How much baggage am I allowed?	Kolik si mohu **vzít** zavazadel? /ko-lik si mo-hu vzeet za-va-za-del/
What time should I check in?	V kolik hodin mám být na letišti? /fko-lik ho-dyin mám beet na le-tyish-tyi/
What is the flight number?	Jaké je číslo letu? /ya-ké ye chees-lo le-tu/
Is there any bus service between the airport and the city?	Je nějaké autobusové spojení mezi letištěm a městem? /ye nye-ya-ké aw-to-bu-so-vé spo-ye-nyee me-zi le-tyish-tyem a mnyes-tem/
• You have to check in an hour before the flight.	• Musíte být odbaven/na letišti hodinu před odletem. /mu-see-te beet od-ba-ven/na le-tyish-tyi ho-dyi-nu przhet od-le-tem/
• You have to pay for overweight luggage.	• Musíte zaplatit nad-váhu. /mu-see-te za-pla-tyit nad-vá-hu/

At the Airport

Arrivals/Departures	Přílety/Odlety /przhee-le-ti/od-le-ti/
Check - In	Odbavení /od-ba-ve-nyee/

Baggage Counter	Výdej zavazadel /vee-dey za-va-za-del/
Customs	Celnice /tsel-nyi-tse/
Information	Informace /in-for-ma-tse/
Is the plane on time?	Nemá letadlo zpoždění? /ne-má le-tad-lo spozh-dye-nyee/
What time does the plane to ...take off?	V kolik hodin odlétá letadlo do ...? /fko-lik ho-dyin od-lé-tá le-tad-lo do/
Has the ... plane arrived?	Přiletělo už letadlo z ...? /przhi-le-tye-lo uzh le-tad-lo z/
. Flight No. ... from ... just landed.	. Právě přistálo letadlo z ..., let číslo ... /prá-vye przhi-stá-lo le-tad-lo z., let chees-lo/
. Flight No. ... is ready for departure.	. Let číslo ... do ... je připraven k odletu. /let chees-lo..do.. ye przhi-pra-ven kod-le-tu/
. Go to the gate number ...	. Dostavte se k východu číslo ... /do-staf-te se kvee-kho-du chees-lo/
. Boarding pass, please.	. Palubní lístek, prosím. /pa-lub-nyee lees-tek, pro-seem/

Boat

It is impossible to visit Czechoslovakia
/Československo/ by sea but inside the
country you can travel its rivers by boat.

boat	člun /chlun/
cabin	kajuta /ka-yu-ta/
deck	paluba /pa-lu-ba/
deck chair	lehátko /le-hát-ko/
disembark	vylodit /se/ /vi-lo-dyit/se/
embark	nalodit /se/ /na-lo-dyit/se/
lifeguard	plavčík /plaf-cheek/
life jacket	záchranná vesta /zá-khra-ná ves-ta/
load	nakládat /na-klá-dat/
sail	plachta, plavit se /plakh-ta, pla- vit se/
sail boat	plachetnice /pla-khet-nyi-tse/
ship	loď /lot^y/
steamer	parník /par-nyeek/
port	přístav /przhee-staf/

MOTORING

Drive on the right! Do not drink any spi-
rits before driving; it is against the law.
The Czechoslovak highway code and road
signs conform to the international ones.
There is only one motorway/highway through-
out the country: Praha-Brno-Bratislava.

Some Important Road and Traffic Signs:

Zatáčka vpravo/vlevo /za-tách-ka fpra-vo/vle-vo/	Right/left bend
Křižovatka /krzhi-zho-vat-ka/	Intersection
Železniční přejezd /zhe-lez-nyich-nyee przhe-yest/	Level crossing
chráněný /khrá-nye-nee/	protected by gate
nechráněný /ne-khrá-nye-nee/	unprotected
Nebezpečná zatáčka /ne-bes-pech-ná za-tách-ka/	Dangerous bend
Nebezpečné klesání /ne-bes-pech-né kle-sá-nyee/	Dangerous slope
Zúžená vozovka /zoo-zhe-ná vo-zof-ka/	Road narrows
Nebezpečí smyku /ne-bes-pe-chee smi-ku/	Danger of skidding
Nebezpečí! /ne-bes-pe-chee/	Danger!

Stůj! /stooy/	Stop!
Dej přednost v jízdě! /dey przhed-nost vyeez-dye/	Give way!
Zákaz vjezdu /zá-kas vyez-du/	Do not enter!
Zákaz předjíždění /zá-kas przhed- yeezh-dye-nyee/	No overtaking
Zákaz odbočení vpravo/vlevo /zá-kas od-bo-che- nyee fpra-vo/vle- vo/	No right/left turn
Zákaz otáčení /zá-kas o-tá-che- nyee/	No U-turn
Zákaz zastavení /zá-kas za-sta- ve-nyee/	No stopping
Zákaz parkování /zá-kas par-ko- vá-nyee/	No parking
Průjezd zakázán /proo-yest za- ká-zán/	No thoroughfare
Jednosměrný provoz /yed-no-smnyer-nee pro-vos/	One-way traffic
Objížďka /ob-yeezht^y-ka/	Diversion/Detour
Práce na silnici /prá-tse na sil- nyi-tsi/	Road work

Nadjezd /nad-yest/	Overpass
Podjezd /pod-yest/	Underpass
Slepá ulice /sle-pá u-li-tse/	Dead end
Parkoviště /par-ko-vish-tye/	Parking lot
Dálnice /dál-nyi-tse/	Highway/Motorway
Letiště /le-tyish-tye/	Airport
Benzinová pumpa ✦ Čerpací stanice /ben-zi-no-vá pum- pa ✦ cher-pa-tsee sta-nyi-tse/	Gas station
Opravna /aut/ /o-prav-na /awt/	Service station
Tábořiště /tá-bo-rzhish-tye/	Campsite
Pozor, děti! /po-zor,dye-tyi/	Children crossing
Přechod pro chodce /przhe-khot pro khot-tse/	Pedestrian crossing
Jeďte opatrně! /yet^y-te o-pa-tr- nye/	Drive with caution
První pomoc /prv-nyee po-mots/	First aid
Nemocnice /ne-mots-nyi-tse/	Hospital

Asking Directions

How do I get to ...?	Jak se dostanu do ...? /yak se do-sta-nu do/
How far is it?	Jak je to daleko? /yak ye to da-le-ko/
How many kilometers/ miles?	Kolik kilometrů/mil? /ko-lik ki-lo-met-roo/mil/
Is this the road to ...?	Vede tahle silnice do/na ...? /ve-de ta-hle sil-nyi-tse do/na/
Show me the best way, please.	Prosím vás, ukažte mi nejlepší cestu. /pro-seem vás, u-kazh-te mi ney-lep-shee tses-tu/
Show it to me on the map.	Ukažte mi to na mapě. /u-kazh-te mi to na ma-pye/
Is the road in good condition?	Je to dobrá silnice? /ye to dob-rá sil-nyi-tse/
Is it a major road?	Je to hlavní silnice? /ye to hlav-nyee sil-nyi-tse/
How can I get onto the ... motorway?	Jak se dostanu na dálnici ...? /yak se do-sta-nu na dál-nyi-tsi/
I want to go to ...	Chci jet do ... /khtsi yet do/

- Go straight.
- Jeďte rovně.
  /yet^y-te rov-nye/

- Turn right/left.
- Odbočte vpravo/vlevo.
  /od-boch-te fpra-vo/vle-vo/

- You are going in the wrong direction.
- Jedete špatně.
  /ye-de-te shpat-nye/

- You have to go back.
- Musíte se vrátit.
  /mu-see-te se vrá-tyit/

- It is not far.
- Není to daleko.
  /ne-nyee to da-le-ko/

- The road is being repaired.
- Silnice se opravuje.
  /sil-nyi-tse se o-pra-vu-ye/

Parking

May I park here?

Mohu tady parkovat?
/mo-hu ta-di par-ko-vat/

Where can I park the car?

Kde mohu zaparkovat auto?
/gde mo-hu za-par-ko-vat aw-to/

May I park here overnight?

Mohu tu parkovat přes noc?
/mo-hu tu par-ko-vat przhes nots/

How long can I park here?

Jak dlouho tu mohu parkovat?
/yak dlow-ho tu mo-hu par-ko-vat/

How much do you charge per hour?	Kolik stojí hodina parkování? /ko-lik sto-yee ho-dyi-na par-ko-vá-nyee/
Where is a parking lot?	Kde je tu parkoviště? /gde ye tu par-ko-vish-tye/
• The parking lot is behind ...	• Parkoviště je vzadu za ... /par-ko-vish-tye ye vza-du za/
• Parking is prohibited here.	• Zde je parkování zakázáno. /zde ye par-ko-vá-nyee za-ká-zá-no/

Gas Station Petrol Station	Benzínová pumpa * Čerpací stanice /ben-zee-no-vá pum-pa * cher-pa-tsee sta-nyi-tse/

As a foreigner, do not forget to buy special vouchers /talóny na benzín/ for the purchase of gas. The custom officer will give you all information. Be careful and watch the gas indicator in your car. Enquire about the locations of gas stations which sell unleaded gas /natural/ in time. Natural is not sold in **every** gas station.

Where is the nearest gas station?	Kde je tu benzínová pumpa? /gde ye tu ben-zee-no-vá pum-pa/
Can I get unleaded gas there?	Mají tam naturál/benzín/? /ma-yee tam na-tu-ral /ben-zeen/

Do you have ...?	Máte ...? /má-te/
regular	normál ♣ speciál /nor-mál ♣ spe- tsi-yál/
super	super /su-pr/
unleaded	naturál /na-tu-rál/
Give me ... liters of ... /gas/petrol/	Dejte mi ... litrů ... /benzínu/. /dey-te mi .. lit- roo .. /ben-zee-nu/
Fill it up, please.	Dejte mi plnou nádrž. /dey-te mi pl-now ná-drzh/
Please, fill this can with gas.	Prosím vás, naplňte tenhle kanistr ben- zínem. /pro-seem vás, na- plnʸ-te ten-hle ka- nis-tr ben-zee-nem/
Can you check the ...?	Můžete mi zkontrolo- vat ...? /moo-zhe-te mi skon- tro-lo-vat/
oil	olej /o-ley/
battery	baterii /ba-te-ri-yi/
radiator	chladič /khla-dyich/
tire pressure	tlak v pneumatikách /tlak fpneu-ma-ti- kákh/
brake fluid	brzdovou kapalinu /brz-do-vow ka-pa- li-nu/

Charge the battery.	Nabijte mi baterii. /na-biy-te mi ba-te-ri-yi/
Change/repair this tire.	Vyměňte/opravte tuhle pneumatiku. /vi-mnyen^y-te/o-praf-te tu-hle pneu-ma-ti-ku/
Change the oil.	Vyměňte mi olej. /vi-mnyen^y-te mi o-ley/
Put water in the radiator.	Nalijte mi vodu do chladiče. /na-liy-te mi vo-du do khla-dyi-che/
Could you wash my car?	Mohl byste mi umýt auto? /mo-hl bi-ste mi u-meet aw-to/

Car Problems

Can you help me?	Můžete mi pomoci? /moo-zhe-te mi po-mo-tsi/
I have run out of gas/petrol.	Došel mi benzín. /do-shel mi ben-zeen/
I had a puncture.	Píchl jsem. /pee-khl sem/
Can you help me push the car?	Pomohl byste mi za-tlačit /auto/? /po-mo-hl bi-ste mi za-tla-chit/aw-to/
Will you tow my car?	Můžete mě vzít do vleku? /moo-zhe-te mnye vzeet do vle-ku/

Where is the nearest service station?	Kde je nejbližší autoopravna? /gde ye ney-bli-shee aw-to-o-prav-na/

Service Station
Garage

Autoopravna
/aw-to-o-prav-na/

• What is wrong with your car?	• Co máte s autem? /tso má-te saw-tem/
The car does not start.	Auto mi nezabírá/ nestartuje. /aw-to mi ne-za-bee-rá/ne-star-tu-ye/
The tire is flat.	Mám píchlou pneuma-tiku. /mám peekh-low pneu-ma-ti-ku/
The battery is flat.	Baterie je vybitá. /ba-te-ri-ye ye vi-bi-tá/
Can you ... ?	Můžete mi ... ? /moo-zhe-te mi/
check ...	zkontrolovat ... /skon-tro-lo-vat/
repair ...	spravit ... /spra-vit/
change ...	vyměnit ... /vi-mnye-nyit/
lubricate ...	namazat ... /na-ma-zat/
clean ...	vyčistit ... /vi-chis-tyit/
charge the battery	nabít baterii /na-beet ba-te-ri-yi/

adjust the carburettor/ brakes	seřídit karburátor/ brzdy /se-rzhee-dyit kar-bu-rá-tor/ brz-di/
... is not working.	Nepracuje/nefunguje... /ne-pra-tsu-ye/ne-fun-gu-ye/
accelerator	plynový pedál. /pli-no-vee pe-dál/
battery	baterie. /ba-te-ri-ye/
/foot/ brake	/nožní/ brzda. /nozh-nyee/brz-da/
hand brake	ruční brzda. /ruch-nyee brz-da/
carburettor	karburátor. /kar-bu-rá-tor/
clutch	spojka. /spoy-ka/
cooling system	chlazení. /khla-ze-nyee/
electrical system	elektrický systém. /e-lek-trits-kee sis-tém/
engine	motor. /mo-tor/
exhaust pipe	výfuková roura. /vee-fu-ko-vá row-ra/
fan	ventilátor. /ven-ti-lá-tor/
gear shift	rychlostní páka. /rikh-lost-nyee pá-ka/

generator	generátor. /ge-ne-rá-tor/
heating	topení. /to-pe-nyee/
horn	klakson/houkačka. /klak-son/how- kach-ka/
ignition	zapalování. /za-pa-lo-vá-nyee/
indicator	ukazovatel/indikátor /u-ka-zo-va-tel/ in-di-ká-tor/
light	světlo. /svyet-lo/
lubrication system	mazací soustava. /ma-za-tsee sow- sta-va/
muffler	tlumič výfuku. /tlu-mich vee-fu-ku/
... pump	... pumpa. /pum-pa/
radiator	chladič. /khla-dyich/
reverse gear	zpáteční rychlost. /spá-tech-nyee rikh-lost/
shock absorber	tlumič nárazů. /tlu-mich ná-ra-zoo/
spark plugs	zapalovací svíčky. /za-pa-lo-va-tsee sveech-ki/
speedometer	tachometr. /ta-kho-me-tr/
starter	startér. /star-tér/

steering wheel	volant. /vo-lant/
transmission	rychlostní skříň. /rikh-lost-nyee skrzheen/
front wheel	přední kolo. /przhed-nyee ko-lo/
rear wheel	zadní kolo. /zad-nyee ko-lo/
windshield wiper	stěrač. /stye-rach/

---

bolt	šroub /shrowp/
bulb	žárovka /zhá-rof-ka/
bumper	nárazník /ná-raz-nyeek/
chassis	podvozek /pod-vo-zek/
cylinder	válec /vá-lets/
fuse	pojistka /po-yist-ka/
hammer	kladivo /kla-dyi-vo/
hood	kapota /ka-po-ta/
jack	zdvihák /zdvi-hák/
screw	šroub /shrowp/
trunk	kufr /ku-fr/

There is something
wrong with the ...

    headlights/   Nesvítí přední/zadní
    rear lights.   světla.
                          /ne-svee-tyee przhed-
                          nyee/zad-nyee svyet-
                          la/

    contacts.   Jsou tam špatné kon-
                          takty.
                          /sow tam shpat-né
                          kon-tak-ti/

    door.   Dveře se nedají zaví-
                          rat.
                          /dve-rzhe se ne-da-
                          yee za-vee-rat/

... is leaking.   Teče ...
                          /te-che/

    The radiator   chladič.
                             /khla-dyich/

    The gas tank   benzínová nádrž.
                             /ben-zee-no-vá
                             ná-drzh/

Can you repair   Můžete to auto spra-
  the car?   vit?
                        /moo-zhe-te to aw-
                        to spra-vit/

Do you have spare   Máte náhradní sou-
  parts?   částky?
                        /má-te ná-hrad-nyee
                        sow-chást-ki/

Can you do it right Můžete to udělat na
  now?   počkání?
                        /moo-zhe-te to u-dye-
                        lat na poch-ká-nyee/

When will it be   Kdy to bude hotovo?
  ready?   /gdi to bu-de ho-to-
                        vo/

How much will you charge for it?	Kolik to bude stát? /ko-lik to bu-de stát/
• It can/can't be repaired today.	• Můžeme/nemůžeme to dnes opravit. /moo-zhe-me/ne-moo-zhe-me to dnes o-pra-vit/
• We haven't got the spare parts.	• Nemáme náhradní součástky. /ne-má-me ná-hrad-nyee sow-chást-ki/

Accidents

Nehody
/ne-ho-di/

Stop!	Zastavte! /za-staf-te/
There was an accident.	Stala se nehoda. * Stalo se neštěstí. /sta-la se ne-ho-da * sta-lo se ne-shtyes-tyee/
There is a car crash.	Tady je nějaká srážka. /ta-di ye nye-ya-ká srásh-ka/
Somebody is injured.	Někdo je zraněn. /nye-gdo ye zra-nyen/
Get help quickly!	Sežeňte rychle pomoc! /se-zhen-te rikh-le po-mots/
Where is the nearest phone?	Odkud se dá telefonovat? /od-kut se dá te-le-fo-no-vat/

Please, call ...	Prosím vás, zavo- lejte ... /pro-seem vás,za- vo-ley-te/
a doctor.	doktora. /dok-to-ra/
an ambulance.	sanitku. /sa-nit-ku/
the police.	policii. /po-li-tsi-yi/
. What happened?	. Stalo se něco? /sta-lo se nye-tso/
. Do you need help?	. Potřebujete pomoc? /po-trzhe-bu-ye-te po-mots/

Camping

Kempink
/kem-pink/

Where is the near- est camping ground?	Kde je tu nejbližší auto-kempink? /gde ye tu ney-bli- shee aw-to-kem-pink/
Can we camp here?	Můžeme tady tábořit? /moo-zhe-me ta-di tá-bo-rzhit/
Where can we put up our tent?	Kde si můžeme posta- vit stan? /gde si moo-zhe-me po-sta-vit stan/
Where can I park my car/caravan?	Kde mohu zaparkovat auto/karavanu? /gde mo-hu za-par- ko-vat aw-to/ka-ra- va-nu/

We would like to rent a cabin/tent.

Chtěli bychom si pronajmout chatu/stan.
/khtye-li bi-khom si pro-nay-mowt kha-tu/stan/

How much do you charge per night?

Kolik se platí za noc?
/ko-lik se pla-tyee za nots/

Where is/are ...?

Kde je/jsou ...?
/gde ye/ sow/

rest rooms

záchody/toalety
/zá-kho-di/to-a-le-ti/

showers

sprchy
/spr-khi/

cooking facilities

kuchyňka
/ku-khin^y-ka/

a shop/store

prodejna potravin
/pro-dey-na pot-ra-vin/

a telephone

telefón
/te-le-fón/

Where is drinking water?

Kde je pitná voda?
/gde ye pit-ná vo-da/

. There is electric current of two hundred and twenty volts.

. Elektrický proud je na dvě stě dvacet voltů.
/e-lek-trits-kee prowt ye na dvye stye dva-tset vol-too/

. To make a campfire is/is not allowed.

. Dělat táborák je/není dovoleno.
/dye-lat tá-bo-rák ye/ne-nyee do-vo-le-no/

Violation of Traffic Rules

- Stop!

- Your driver´s licence.

- You exceeded the speed limit.

- The fine is ...

  Excuse me, I am a foreigner.

  Here is my passport and driver´s licence.

- Zastavte!
  /za-staf-te/

- Váš řidičský prúkaz.
  /vásh rzhi-dyich-skee proo-kas/

- Jel jste nedovolenou rychlostí.
  /yel´ ste ne-do-vo-le-now rikh-los-tyee/

- Pokuta činí ...
  /po-ku-ta chi-nyee/

  Promiňte, jsem cizinec.
  /pro-min^y-te, ´sem tsi-zi-nets/

  Zde je můj pas a řidičský prúkaz.
  /zde ye mooy pas a rzhi-dyich-skee proo-kas/

Rent a Car

Car rental in Czechoslovakia is at its infancy stage. It is possible to rent a car only in the main cities, provided you have made your reservation long time in advance.

SHOPPING, SERVICES

Obchody /ob-kho-di/	Stores, Shops
Cukrárna /tsuk-rár-na/	Candy store, Sweet shop
Čistírna /chis-tyeer-na/	Cleaner's
Dárkové předměty /dár-ko-vé przhed-mnye-ti/	Gift shop
Drogérie /dro-gé-ri-ye/	Drugstore
Hodinářství /ho-dyi-nárzh-stvee/	Watchmaker's
Holič /ho-lich/	Barber
Hračky /hrach-ki/	Toyshop
Kadeřnictví /ka-derzh-nyits-tvee/	Hairdresser's
Klenotnictví /kle-not-nyits-tvee/	Jeweller's
Knihkupectví /knyikh-ku-pets-tvee/	Bookstore
Konfekce /kon-fek-tse/	Ready made clothes
Kožené zboží /ko-zhe-né zbo-zhee/	Leather goods

Květinářství /kvye-tyi-nárzh-stvee/	Florist's
Lékárna /lé-kár-na/	Pharmacy
Lahůdky /la-hoot-ki/	Delicatessen
Mlékárna /mlé-kár-na/	Dairy
Nábytek /ná-bi-tek/	Furniture
Novinový stánek /no-vi-no-vee stá-nek/	Newsstand
Obchodní dům /ob-khod-nyee doom/	Department store
Obuv /o-buf/	Shoe store
Ovoce, zelenina /o-vo-tse, ze-le-nyi-na/	Greengrocer's
Oděvy /o-dye-vi/	Clothes
Papírnictví /pa-peer-nyits-tvee/	Stationer's
Parfumerie /par-fu-mé-ri-ye/	Cosmetics
Pekárna /pe-kár-na/	Bakery
Potraviny /Samoob-sluha/ /po-tra-vi-ni /sa-mo-ob-slu-ha/	Grocery, Super-market

Prádelna /prá-del-na/	Laundry
Prodej tabáku /pro-dey ta-bá-ku/	Tobacconist's
Řeznictví /rzhez-nyits-tvee/	Butcher's
Sklo, porcelán /sklo, por-tse-lán/	Glassware, China
Správkárna obuvi /spráf-kár-na o-bu-vi/	Shoe -repair
Starožitnosti /sta-ro-zhit-nos-tyi/	Antiques
Fotografické pot-řeby /fo-to-gra-fits-ké pot-rzhe-bi/	Camera store

Shopping

Nákupy /ná-ku-pi/

I want to buy ...	Chci si koupit ... /khtsi si kow-pit/
I'm looking for ...	Hledám ... /hle-dám/
Where do they sell ...?	Kde prodávají ...? /gde pro dá-va-yee/
Where is the nearest ...?	Kde je nejbližší...? /gde ye ney-bli-shee/
supermarket	samoobsluha /sa-mo-ob-slu-ha/
department store	obchodní dům /ob-khod-nyee doom/

What time do the stores open/close?	V kolik hodin otvírají/zavírají obchody? /fko-lik ho-dyin ot-vee-ra-yee/za-vee-ra-yee ob-kho-di/

- Can I help you?
  - Čím vám posloužím? /cheem vám po-slow-zheem/

- What will you have?
  - Co si přejete? /tso si przhe-ye-te/

- How many/much do you want?
  - Kolik toho chcete? /ko-lik to-ho khtse-te/

- Anything else, please?
  - Přejete si ještě něco? /przhe-ye-te si yesh-tye nye-tso/

- Pay at the desk.
  - Platí se u pokladny. /pla-tyee se u po-klad-ni/

Thank you, I'm just looking.	Děkuji, jen se dívám. /dye-ku-yi, yen se dyee-vám/
Can you show me ...?	Ukažte mi ... prosím. /u-kash-te mi..pro-seem/
Can you give me ...?	Dejte mi ... prosím. /dey-te mi..pro-seem/
Do you have any ...?	Máte ...? /má-te/
What size is it?	Jaká je to velikost? /Clothes/ /ya-ká ye to ve-li-kost/ Jaké je to číslo? /Shoes/ /ya-ké ye to chees-lo/

This is too small/ big.	To je moc malé/velké. /to ye mots ma-lé/ vel-ké/
Do you have it in ...?	Máte to ...?
larger size	ve větší velikosti /ve vyet-shee ve-li-kos-tyi/
smaller size	v menší velikosti /vmen-shee ve-li-kos-tyi/
another color	v jiné barvě /vyi-né bar-vye/
I like/don't like it.	To se mi líbí/nelíbí. /to se mi lee-bee/ ne-lee-bee/
How much is it?	Kolik to stojí? /ko-lik to sto-yee/
I'll have this.	Vezmu si toto. /vez-mu si to-to/
Wrap it up, please.	Zabalte mi to, prosím. /za-bal-te mi to pro-seem/
Will you take this credit card?	Mohu platit kredito-vou kartou? /mo-hu pla-tyit kre-di-to-vou kar-tow/

Grosery, Food

Potraviny
/po-tra-vi-ni/

I want ...	Dejte mi ... /dey-te mi/
Have you any...?	Máte ...? /má-te/

A packet of ...	Balíček ... /ba-lee-chek/
tea.	čaje. /cha-ye/
coffee.	kávy. /ká-vi/
Half a pound/A pound of ...	Čtvrt kila/Půl kila... /chtvrt ki-la/pool ki-la/
cheese.	sýra. /see-ra/
salami.	salámu. /sa-lá-mu/
ham.	šunky. /shun-ki/
sugar.	cukru. /tsuk-ru/
Have you any cereal?	Máte vločky/obilniny? /má-te vloch-ki/ o-bil-nyi-ni/
A loaf of bread.	Bochník chleba. /bokh-nyeek khle-ba/
... rolls.	... rohlíky, housky. /roh-lee-ki, hows-ki/
cookies	sušenky /su-shen-ki/
eggs	vejce /vey-tse/
milk	mléko /mlé-ko/
butter	máslo /más-lo/
cottage cheese	tvaroh /tva-rokh/

yoghurt	jogurt /yo-gurt/
... salad	... salát /sa-lát/
A tin of ...	Jednu plechovku ... /yed-nu ple-khof-ku/
A box of ...	Jednu krabičku ... /yed-nu kra-bich-ku/
A bottle of ...	Láhev ... /lá-hef/
<u>Drugstore</u>, <u>Pharmacy</u>	<u>Drogérie</u>, <u>lékárna</u> /dro-gé-ri-ye, lé-kár-na/
Can you give me something for ...?	Můžete mi dát něco proti ...? /moo-zhe-te mi dát nye-tso pro-tyi/
constipation	zácpě /záts-pye/
cough	kašli /kash-li/
diarrhoea	průjmu /prooy-mu/
earache	bolení ucha /bo-le-nyee u-kha/
headache	bolení hlavy /bo-le-nyee hla-vi/
indigestion	špatnému zažívání /shpat-né-mu za-zhee-vá-nyee/
medicine	lék /lék/

pill	prášek, pilulka /prá-shek, pi-lul-ka/
tablet	tableta, dražé /ta-ble-ta, dra-zhé/
What´s the dosage?	Jak to mám užívat? /yak to mám u-zhee-vat/
• Take ... tablets before/after meals.	• Berte ... tablety před jídlem/po jídle. /ber-te..ta-ble-ti przhet yeed-lem/po yeed-le/
• This is only on prescription.	• Toto je jen na lé-kařský předpis. /to-to ye yen na lé-karzh-skee przhet-pis/
aspirin	aspirin /as-pi-rin/
antiseptic cream, disinfectant	dezinfekční prostředek /de-zin-fek-chnyee pro-strzhe-dek/
band-aids	náplast /náp-last^y/
bandage	obvaz /ob-vas/
cotton wool	vata /va-ta/
enema	klystýr /klis-teer/
first aid kit	domácí lékárnička /do-má-tsee lé-kár-nyich-ka/
gargle	kloktadlo /klok-tad-lo/
gauze	gáza /gá-za/

iodine	jódová tinktura /yó-do-vá tink-tu-ra/
laxative	projímadlo /pro-yee-mad-lo/
mouth wash	ústní voda /oost-nyee vo-da/
nose drops	kapky do nosu /kap-ki do no-su/
ointment	mast /mast/
sanitary towels	dámské vložky /dám-ské vlosh-ki/
sleeping pills	prášky na spaní /prásh-ki na spa-nyee/
thermometer	teploměr /te-plo-mnyer/
tampons	tampóny /tam-pó-ni/
Cosmetics	Parfumérie /par-fu-mé-ri-ye/
aftershave	voda po holení /vo-da po ho-le-nyee/
brush	kartáč /kar-tách/
... cream	... krém /krém/
moisturizing	denní /de-nyee/
night	mastný /mast-nee/
shaving	holicí mýdlo /ho-li-tsee meed-lo/

Cologne	Kolínská voda /ko-leen-ská vo-da/
comb	hřeben /hrzhe-ben/
deodorant	deodorant /de-o-do-rant/
eyliner	oční linka /och-nyee lin-ka/
eye shadow	oční stín /och-nyee styeen/
face cloth	žínka /zheen-ka/
hair pin	sponka do vlasů /spon-ka do vla-soo/
hair spray	lak na vlasy /lak na vla-si/
hand cream	krém na ruce /krém na ru-tse/
lipstick	rtěnka /rtyen-ka/
mascara	řasenka /rzha-sen-ka/
nail ...	... na nehty /na nekh-ti/
file	pilníček /pil-nyee-chek/
polish	lak /lak/
polish remover	odlakovač /od-la-ko-vach/
perfume	voňavka /vo-nyaf-ka/
face powder	pudr /pu-dr/
talcum powder	zásyp /zá-sip/

safety pins	zavírací špendlíky /za-vee-ra-tsee shpen-dlee —ki/
safety razor	holicí strojek /ho-li-tsee stro-yek/
razor blade	žiletka /zhi-let-ka/
shampoo	šampón /sham-pón/
condoms	prezervativy /pre-zer-va-ti-vi/
scissors	nůžky /noosh-ki/
soap	mýdlo /meed-lo/
sponge	houba /how-ba/
suntan oil	olej na opalování /o-ley na o-pa-lo-vá-nyee/
tissues, Kleenex	papírové kapesníčky /pa-pee-ro-vé ka-pes-nyeech-ki/
toilet paper	toaletní papír /to-a-let-nyee pa-peer/
tooth brush	kartáček na zuby /kar-tá-chek na zu-bi/
tooth paste	zubní pasta /zub-nyee pas-ta/
vaseline	vazelína /va-ze-lee-na/

---

soap powder	mýdlový prášek /meed-lo-vee prá-shek/
washing powder	prášek na praní /prá-shek na pra-nyee/
detergent	čistící prášek /chis-tyee-tsee prá-shek/

Newsstand and
Tobacco Store

Novinový stánek a
prodej tabáku
/no-vi-no-vee stá-nek a pro-dey ta-bá-ku/

Today's paper, please.	Dnešní noviny, prosím. /dnesh-nyee no-vi-ni,pro-seem/
Have you got any ... magazine?	Máte nějaký ... časopis? /má-te nye-ya-kee.. cha-so-pis/
Can I get some English newspapers?	Máte nějaké anglické noviny? /má-te nye-ya-ké an-glits-ké no-vi-ni/
Do you sell post-cards and stamps?	Prodáváte pohlednice a známky? /pro-dá-vá-te po-hled-nyi-tse a znám-ki/
Ten crowns subway tickets, please.	Za deset korun lístky na metro, prosím. /za de-set ko-run lees-tki na met-ro,pro-seem/

A pack of cigarettes, please.	Balíček cigaret, prosím. /ba-lee-chek tsi-ga-ret/
A box of cigars.	Krabici doutníků, prosím. /kra-bi-tsi dowt-nyee-koo,pro-seem/
matches	zápalky /zá-pal-ki/
lighter	zapalovač /za-pa-lo-vach/
lighter fluid	benzín do zapalo- vače /ben-zeen do za- pa-lo-va-che/
Bookstore and Stationer's	Knihkupectví a papírnictví /knyikh-ku-pets- tvee a pa-peer- nyits-tvee/
Can I get a ...?	Máte ...? /má-te/
guide book ..	průvodce .. /proo-vot-tse/
dictionary ..	slovník .. /slov-nyeek/
magazine ..	časopis .. /cha-so-pis/
ballpoint pen	kuličkové pero /ku-lich-ko-vé pe-ro/
envelope	obálka /o-bál-ka/

eraser	guma /gu-ma/
glue	lepidlo /le-pid-lo/
map	mapa /ma-pa/
notebook	zápisník, notýsek /zá-pis-nyeek, no-tee-sek/
pen	pero /pe-ro/
pencil	tužka /tush-ka/
playing cards	karty na hraní /kar-ti na hra-nyee/
sellotape	lepicí páska /le-pi-tsee pás-ka/
string	provázek /pro-vá-zek/
wrapping paper	balicí papír /ba-li-tsee pa-peer/
writing paper	dopisní papír /do-pis-nyee pa-peer/

Clothing and Footwear

Konfekce a obuv
/kon-fek-tse a o-buf/

Have you got ...?	Máte ...? /má-te/
Can you show it to me?	Můžete mi to ukázat? /moo-zhe-te mi to u-ká-zat/
May I try it on?	Mohu si to zkusit? /mo-hu si to sku-sit/

belt	pásek, opasek /pá-sek,o-pa-sek/
blouse	blúza /bloo-za/
boots	boty, holínky /bo-ti,ho-leen-ki/
bra	podprsenka /pod-pr-sen-ka/
coat	kabát /ka-bát/
dress	/dámské/ šaty /dám-ské/ sha-ti/
gloves	rukavice /ru-ka-vi-tse/
handbag	kabelka /ka-bel-ka/
handkerchief	kapesník /ka-pes-nyeek/
hat	klobouk /klo-bowk/
jacket	sako /sa-ko/
nightgown	noční košile /noch-nyee ko-shi-le/
pants	kalhoty /kal-ho-ti/
panties	kalhotky /kal-hot-ki/
pyjamas	pyžamo /pi-zha-mo/
raincoat	plášť do deště /plásht^y do desh-tye/
sandals	sandály /san-dá-li/

scarf	šátek, šála /shá-tek,shá-la/
shirt	košile /ko-shi-le/
shoes	střevíce, polobotky /strzhe-vee-tse, po-lo-bot-ki/
shoelaces	tkaničky do bot /tka-nyich-ki do bot/
shorts	šortky /short-ki/
skirt	sukně /suk-nye/
slip	kombiné /kom-bi-né/
slippers	domácí střevíce, trepky /do-má-tsee strzhe-vee-tse, trep-ki/
sneakers	tenisky /te-nis-ki/
socks	ponožky /po-nosh-ki/
stockings	punčochy /pun-cho-khi/
swim suit/trunks	dámské/pánské plavky /dám-ské/pán-ské plaf-ki/
lady's suit	kostým /kos-teem/
man's suit	pánský oblek /pán-skee ob-lek/
sweater	svetr /sve-tr/

sweatshirt	nátělník /ná-tyel-nyeek/
T-shirt	tričko /trich-ko/
tie	kravata, vázanka /kra-va-ta, vá- zan-ka/
tights	punčocháče /pun-cho-khá-che/
trousers	kalhoty /kal-ho-ti/
underpants	krátké spodky /krát-ké-spot-ki/
lingerie	dámské prádlo /dám-ské prád-lo/
men's underwear	pánské prádlo /pán-ské prád-lo/

Repairs

Správky
/spráf-ki/

Will you mend it, please?	Prosím vás, můžete mi to spravit? /pro-seem vás,moo-zhete mi to spra-vit/
Can you repair these shoes?	Můžete mi opravit tyhle boty/střevíce? /moo-zhe-te mi o-pra-vit ti-hle bo-ti/ strzhe-vee-tse/
How much will it cost?	Kolik to bude stát? /ko-lik to bu-de stát/
When will it be ready?	Kdy to bude hotovo? /gdi to bu-de ho-to-vo/

Jewelry, Gifts	Klenoty, bižutérie, dárky /kle-no-ti, bi-zhu-té-ri-ye,dár-ki/

Crystal which is made in Czechoslovakia is world-wide famous.

beads	korále /ko-rá-le/
bracelet	náramek /ná-ra-mek/
chain	řetízek /rzhe-tyee-zek/
cufflinks	manžetové knoflíčky /man-zhe-to-vé knof-leech-ki/
earings	náušnice /ná-ush-nyi-tse/
necklace	náhrdelník /ná-hr-del-nyeek/
ring	prsten /prs-ten/

---

chandelier	lustr /lus-tr/
alarm clock	budík /bu-dyeek/
clock	hodiny /ho-dyi-ni/
crystal bowl/ vase	broušená mísa/váza /brow-she-ná mee-sa/ vá-za/
watch	hodinky /ho-dyin-ki/

Camera Store	Fotografické potřeby
	/fo-to-gra-fits-ké pot-rzhe-bi/

Have you got a ...?	Máte ...?
	/má-te/
color film	barevný film
	/ba-rev-nee film/
black and white film	černobílý film
	/cher-no-bee-lee film/
film for this camera	film do tohoto aparátu
	/film do to-ho-to a-pa-rá-tu/

Can you develop this film?	Můžete mi tenhle film vyvolat?
	/moo-zhe-te mi ten-hle film vi-vo-lat/

I want one print of each negative.	Chci jednu kopii od každého negativu.
	/khtsi yed-nu ko-pi-yi od kazh-dé-ho ne-ga-ti-vu/

Can you take passport photos?	Můžete mně udělat fotografie do pasu?
	/moo-zhe-te mnye u-dye-lat fo-to-gra-fi-ye do pa-su/

How much are they?	Kolik to bude stát?
	/ko-lik to bu-de stát/

When will it be ready?	Kdy to bude hotovo?
	/gdi to bu-de ho-to-vo/

Florist's   Květinářství
                                /kvye-tyi-nárzh-stvee/

Never bring mums /chrysanthémy/ as a gift;
people in Czechoslovakia put them only on
graves.

I'd like a bunch   Chtěl bych kytici
  of roses/carnations.   růží/karafiátů.
                              /khtyel bikh ki-tyi-
                              tsi roo-zhee/ka-ra-
                              fi-yá-too/

Send a bunch of   Prosím vás, pošlete
  flowers to this   kytici ...   na tu-
  address, please.   to adresu.
                              /pro-seem vás,poshle-
                              te ki-tyi-tsi
                              ... na tu-to a-dre-su/

Have you got any   Máte nějakou azalku
  azalea plant?   v květináči?
                              /má-te nye-ya-kow a-
                              zal-ku fkvye-tyi-ná-
                              chi/

Barber, Hairdresser   Holič, kadeřník
                            /ho-lich, ka-derzh-
                            nyeek/

. What would you like?   . Co byste si přál/přála?
                              /tso bi-ste si przhál/
                              przhá-la/

A haircut, please.   Ostříhat, prosím.
                            /o-strzhee-hat,pro-
                            seem/

Just a trim, please.   Jen trochu přistřihnout
                            /vlasy/.
                            /yen tro-khu przhi-
                            strzhi-hnowt vla-si/

Cut it short ...   Nakrátko ...
/na-krát-ko/

   at the back.   vzadu.
/vza-du/

   on the sides.   po stranách.
/po stra-nákh/

   on the top.   nahoře.
/na-ho-rzhe/

Leave it longer ...   Nechte to delší ...
/nekh-te to del-shee/

Wash my hair.   Umyjte mi hlavu.
/u-miy-te mi hla-vu/

A shave, please.   Oholit, prosím.
/o-ho-lit,pro-seem/

Shorten my beard.   Zkratte mi vousy.
/skrat^y-te mi vow-si/

I´d like a...   Chtěla bych ...
/khtye-la bikh/

   haircut.   ostříhat.
/o-strzhee-hat/

   hairwash and   umýt vlasy a vo-
     set.   dovou.
/u-meet vla-si a
vo-do-vow/

   blowdry.   foukanou.
/fow-ka-now/

   perm.   trvalou.
/tr-va-low/

   hair tint.   barevný přeliv.
/ba-rev-nee przhe-
lif/

It´s too hot/cold.   To pálí!/To je studené!
/to pá-lee/to ye stu-
de-né/

Don´t change the   Neměnte mi účes.
 style.   /ne-mnyen^y-te mi oo-
ches/

Laundry and Dry Cleaning	Prádelna a čistírna /prá-del-na a chis-tyeer-na/
Is there a laundry or a dry-cleaning service?	Je tu někde prádelna nebo čistírna? /ye tu nye-gde prá-del-na ne-bo chis-tyeer-na/
I want this ...	Potřebuji to ... /po-trzhe-bu-yi/
washed.	vyprat. /vi-prat/
dry-cleaned.	vyčistit. /vi-chis-tyit/
ironed.	vyžehlit. /vi-zhe-hlit/
Starch/No starch, please.	Naškrobit/Neškrobit, prosím. /na-shkro-bit/ne-shkro-bit,pro-seem/
Remove this stain.	Vyčistěte tuhle skvrnu. /vi-chis-tye-te tu-hle skvr-nu/
Can you make it today/express?	Můžete mi to udělat ještě dnes/expres? /moo-zhe-te mi to u-dye-lat dnes/ex-pres/
How much is it?	Kolik to bude stát? /ko-lik to bu-de stát/

BANK, POST OFFICE

AND TELEPHONE

Bank

Banka
/ban-ka/

Foreign currency and traveler's cheques
can be exchanged at main banks and major
hotels only.

In which bank can
I exchange foreign
currency?

V které bance mohu
vyměnit cizí valuty?
/fkte-ré ban-tse mo-
hu vi-mnye-nyit tsi-
zee va-lu-ti/

I want to change
some traveler's
cheques.

Chci vyměnit nějaké
cestovní šeky.
/khtsi vi-mnye-nyit
nye-ya-ké tses-tov-
nyee she-ki/

What's the exchange
rate?
/U.S. dollar, pound
Sterling/

Jaký je kurs?
/dolaru, anglické
libry/
/ya-kee ye kurs/
/do-la-ru,an-glits-
ké lib-ri/

. Your passport,
please.

. Váš cestovní pas,
prosím.
/vásh tses-tov-nyee
pas,pro-seem/

. Sign here, please.

. Tady se prosím pode-
pište.
/ta-di se pro-seem
po-de-pish-te/

Post Office and Telephone

Pošta a telefon
/posh-ta a te-le-fon/

The best way to place an international telephone call outside major hotels is to go to the post office. Main post offices are open late and also during weekends. To make a local call you need one crown coin /kovová koruna/.
Mail boxes have orange color and are fixed on buildings in main streets.

Where is the ...	Kde je tu ... /gde ye tu/
post office?	pošta? /posh-ta/
main post office?	hlavní pošta? /hlav-nyee posh-ta/
mail box?	poštovní schránka? /posh-tov-nyee skhrán-ka/
I want to send this ... to ...	Chci poslat ... do ... /khtsi pos-lat ..do/
letter	tento dopis /ten-to do-pis/
post card	tuto pohlednici /tu-to po-hled-nyi-tsi/
cable	telegram /te-le-gram/
package/small package	balík/balíček /ba-leek/ba-lee-chek/
How much postage do I need?	Kolik je poštovné? /ko-lik ye posh-tov-né/

I want ...	Chci ... /khtsi/

two three crowns
    stamps.
	dvě tří-korunové
	    známky.
	    /dvye trzhee-ko-
	    ru-no-vé znám-ki/

five four crowns
    stamps.
	pět čtyř-korunových
	    známek.
	    /pyet chtirzh-ko-
	    ru-no-veekh zná-
	    mek/

By air mail.	Leteckou poštou. /le-tets-kow posh-tow/
By surface.	Obyčejnou poštou. /o-bi-chey-now posh- tow/
Registered mail, please.	Doporučeně, prosím. /do-po-ru-che-nye, pro-seem/
Special delivery.	Expres, prosím. /ex-pres, pro-seem/
I want to insure it.	Chci to pojistit. /khtsi to po-yis-tyit/
address	adresa /a-dre-sa/
envelope	obálka /o-bál-ka/
mail	pošta /posh-ta/
stamp	známka /znám-ka/
telephone box	telefonní budka/auto- mat /te-le-fo-nyee but- ka/aw-to-mat/

May I use the phone?	Mohu si zatelefono-vat? /mo-hu si za-te-le-fo-no-vat/
Where can I make a phone call?	Odkud mohu telefo-novat? /od-kut mo-hu te-le-fo-no-vat/
Do you have a te-lephone directory?	Máte telefonní sez-nam? /má-te te-le-fo-nyee sez-nam/
Operator? Get me this number.	Centrála? Spojte mne prosím s tímto čís-lem. /tsen-trá-la?spoy-te mne pro-seem styeem-to chees-lem/
My number is ...	Mé telefonní číslo je ... /mé te-le-fo-nyee chees-lo ye/
Reverse the char-ges, please.	Chci volat na účet volaného, prosím. /khtsi vo-lat na oo-chet vo-la-né-ho, pro-seem/
Hello, ... speaking.	Haló, ţady je ... /ha-ló,ta-di ye/
I want to speak to Mr./Mrs. ...	Mohu mluvit s panem/ paní ...? /mo-hu mlu-vit spa-nem/spa-nyee/
May I leave a mes-sage?	Můžete mu/jí něco vyřídit? /moo-zhe-te mu/yee nye-tso vi-rzhee-dyit/

- What's your telephone number?
- Jaké je vaše telefonní číslo?
  /ya-ké ye va-she te-le-fo-nyee chees-lo/

- I'll put you through.
- Přepojím.
  /przhe-po-yeem/

- Hold the line.
- Nezavěšujte.
  /ne-za-vye-shuy-te/

- The line is busy.
- Je obsazeno.
  /ye ob-sa-ze-no/

- There is no reply.
- Nikdo se nehlásí.
  /nyi-gdo se ne-hlá-see/

- Hang up!
- Zavěste!
  /za-vyes-te/

- Wrong number.
- To je omyl.
  /to ye o-mil/

- Who is calling?
- Kdo volá?
  /gdo vo-lá/

- Whom do you want to speak to?
- Koho si přejete?
  /ko-ho si przhe-ye-te/

- Wait a moment, please.
- Okamžik prosím.
  /o-kam-zhik pro-seem/

- Sorry, he/she is not here right now.
- Bohužel, není tady.
  /bo-hu-zhel,ne-nyee ta-di/

- Shall I take a message?
- Mám něco vyřídit?
  /mám nye-tso vi-rzhee-dyit/

SIGHTSEEING AND ENTERTAINMENT

There are many historic places to be seen in Czech, Moravian and Slovak towns and countryside.
There is a saying that every Czech is a musician. In Prague, the Spring Musical Festival is a famous annual event in May. Neverthless, one can also hear good music at performances in little towns throughout the country.

I would like to see /the/ ...	Rád bych viděl ... /rát bikh vi-dyel/
historic part of the city.	historickou část města. /his-to-rits-kow chást mnyes-ta/
cathedral.	katedrálu. /ka-te-drá-lu/
museum.	museum. /mu-ze-um/
castle.	hrad, zámek. /hrat, zá-mek/
palace.	palác. /pa-láts/
town hall.	radnici. /rad-nyi-tsi/
library.	knihovnu. /knyi-hov-nu/
tower.	věž. /vyezh/
art gallery.	galerii /výtvarných umění/. /ga-le-ri-yi/vee-tvar-neekh u-mnye-nyee/

concert hall.	koncertní síň. /kon-tsert-nyee seen^y/
theater.	divadlo. /dyi-vad-lo/
ruins.	zříceniny. /zrzhee-tse-nyi-ni/
zoo.	zoologickou zahradu. /zo-lo-gits-kow za-hra-du/

At the Ticket Office

U pokladny
/u pok-lad-ni/

Have you any tickets for tonight/tomorrow?	Máte nějaké lístky na dnes večer/na zítřek? /má-te nye-ya-ké leest-ki na dnes ve-cher/na zeet-rzhek/
How much is ...	Kolik stojí lístek... /ko-lik sto-yee lees-tek/
an orchestra seat?	do přízemí? /do przhee-ze-mee/
a balcony seat?	na balkón? /na bal-kón/
a box?	do lože? /do lo-zhe/
One ticket/Two tickets, please.	Jeden lístek/Dva lístky, prosím. /ye-den lees-tek/dva leest-ki, pro-seem/
What time does it start/finish?	Kdy to začíná/končí? /gdi to za-chee-ná/kon-chee/

Let's go to the movies.	Pojďme do kina. /potʸ-me do ki-na/
Let's go to a dance.	Pojďme si zatančit. /potʸ-me si za-tan-chit/
theater	divadlo /dyi-vad-lo/
concert	koncert /kon-tsert/
performance	představení /przhed-sta-ve-nyee/
program	program /pro-gram/
Sports	Sporty /spor-ti/
soccer	fotbal /fot-bal/
basketball	košíková /ko-shee-ko-vá/
golf	golf
tennis	tenis /te-nis/
volleyball	volejbal /vo-ley-bal/
Let's go ...	Pojďme ... /potʸ-me/
swimming.	plavat. /pla-vat/
skiing,/skating.	lyžovat,/bruslit. /li-zho-vat/bru-slit/
fishing.	rybařit. /ri-ba-rzhit/

HEALTH SERVICES

Where is the nearest hospital/doctor's office?	Kde je nejbližší nemocnice/zdravotní středisko? /gde ye ney-bli-shee ne-mots-nyi-tse/zdravot-nyee strzhe-dyisko/
Please call a doctor/an ambulance.	Prosím vás zavolejte doktora/sanitku. /pro-seem vás za-voley-te dok-to-ra/ sa-nit-ku/

At the Doctor's Office

U lékaře

Does anybody speak English here?	Mluví tu někdo anglicky? /mlu-vee tu nye-gdo an-glits-ki/
I feel sick.	Je mi špatně. • /ye mi shpat-nye/ Chce se mi zvracet. /khtse se mi zvratset/
I feel dizzy.	Točí se mi hlava. /to-chee se mi hla-va/
I can't sleep.	Nemohu spát. /ne-mo-hu spát/
I feel tired.	Cítím se unaven. /tsee-tyeem se u-na-ven/

I have pain ...	Bolí mě ... /bo-lee mnye/
in my chest.	na prsou. /na pr-sow/
near my heart·	u srdce. /u srt-tse/
I´m short of breath.	Dusím se. ✦ Nemohu dýchat. /du-seem se.✦ne-mo- hu dee-khat/
It´s a sharp/dull pain.	Mám ostrou/tupou bolest. /mám os-trow/tu-pow bo-lest/
It hurts on the right/left side.	Bolí to na pravé/levé straně. /bo-lee to na pra- vé/le-vé stra-nye/
I have a ...	Bolí mě ... /bo-lee mnye/
backache.	záda. /zá-da/
earache.	v uchu. /fu-khu/
headache.	hlava. /hla-va/
sore throat.	v krku. /fkr-ku/
stomachache.	žaludek. /zha-lu-dek/
I have indigestion.	Trápí mě špatné za- žívání. /trá-pee mnye shpat- né za-zhee-vá-nyee/

I have /a/...	Mám ...
diarrhoea.	prújem. /proo-yem/
constipation.	zácpu. /záts-pu/
fever.	horečku. /ho-rech-ku/
bad cold.	velkou rýmu. /vel-kow ree-mu/
bad cough.	silný kašel. /sil-nee ka-shel/
I´m allergic to ...	Jsem alergický na ... /´sem a-ler-gits-kee na/
I´m pregnant.	Jsem těhotná. /´sem tye-hot-ná/

. Where do you feel the pain? . Kde vás to bolí?
/gde vás to bo-lee/

. What´s wrong with you? . Co vám chybí?
/tso vám khi-bee/

. Undress, please. . Svlékněte se, prosím.
/svlék-nye-te se, pro-seem/

. Does it hurt? . Bolí to?
/bo-lee to/

. Take a deep breath! . Nadýchněte se!
/na-deekh-nye-te se/

. Stop breathing! . Nedýchejte!
/ne-dee-khey-te/

. I´ll give you an injection. . Dám vám injekci.
/dám vám in-yek-tsi/

X-ray	Röntgen /rent-gen/
blood test	krevní zkouška /krev-nyee skow-shka/
urine test	zkouška moči /skow-shka mo-chi/
injection	injekce /in-yek-tse/
prescription	/lékařský/ předpis /lé-karzh-skee/ przhet-pis/
pills	prášky /prásh-ki/
Before meals.	Před jídlem. /przhet yeed-lem/
After meals.	Po jídle. /po yeed-le/
Twice/Three times a day.	Dvakrát/Třikrát denně. /dva-krát/trzhi-krát de-nye/

At the Dentist

U zubního lékaře
/u zub-nyee-ho lé-ka-rzhe/

Should I have an appointment?	Musím se objednat? /mu-seem se ob-yed-nat/
I have a toothache.	Bolí mě zub. /bo-lee mnye zup/
My cheek is swollen.	Mám oteklou tvář. /mám o-tek-low tvárzh/

I have lost a filling.	Vypadla mi plomba. /vi-pad-la mi plom-ba/
This front tooth aches.	Bolí mě tento přední zub. /bo-lee mnye ten-to przhed-nyee zup/
This back tooth /molar/ aches.	Bolí mě tato stolička. /bo-lee mnye ta-to sto-lich-ka/
Give me a local anesthetic.	Dejte mi lokální anestézii. /dey-te mi lo-kál-nyee a-ne-sté-zi-yi/
• I will put in a ...	• Dám vám ...
filling.	plombu. /plom-bu/
temporary filling.	vložku. /vlosh-ku/
• It must be extracted.	• Musí se vytrhnout. /mu-see se vi-tr-hnowt/

Parts of the Body	Části lidského těla /chás-tyi lid-ské-ho tye-la/
abdomen, belly	břicho /brzhi-kho/
ankle	kotník /kot-nyeek/
appendix	slepé střevo /sle-pé strzhe-vo/
arm	paže /pa-zhe/
artery	tepna /tep-na/
back	záda /zá-da/
blood	krev /kref/
bone	kost /kost/
brain	mozek /mo-zek/
breast	prsa /pr-sa/
calf	lýtko /leet-ko/
cheek	tvář /tvárzh/
chest	hruď, prsa /hruť, pr-sa/
chin	brada /bra-da/
ear	ucho /u-kho/

elbow	loket /lo-ket/
eye	oko /o-ko/
eyebrow	obočí /o-bo-chee/
face	obličej /o-bli-chey/
finger	prst /prst/
foot	chodidlo /noha/ /kho-dyid-lo/no-ha/
gall bladder	žlučník /zhluch-nyeek/
gland	žláza /zhlá-za/
hair	vlasy /vla-si/
hand	ruka /ru-ka/
head	hlava /hla-va/
heart	srdce /srt-tse/
heel	pata /pa-ta/
hip	kyčel, bok /ki-chel,bok/
intestines	střeva /strzhe-va/
jaw	čelist /che-list/
joint	kloub /klowp/

kidneys	ledviny /led-vi-ni/
knee	koleno /ko-le-no/
leg	noha /no-ha/
lip	ret /ret/
liver	játra /yát-ra/
lungs	plíce /plee-tse/
mouth	ústa /oos-ta/
muscle	sval /sval/
nail	nehet /ne-het/
navel	pupek /pu-pek/
neck	krk /krk/
nerve	nerv /nerf/
nose	nos /nos/
rib	žebro /zheb-ro/
shoulder	rameno /ra-me-no/
skin	kůže /koo-zhe/
spine	páteř /pá-terzh/

spleen	slezina /sle-zi-na/
stomach	žaludek /zha-lu-dek/
temple	spánek, skráň /spá-nek,skrán^y/
thigh	stehno /steh-no/
throat	hrdlo, krk /hrd-lo, krk/
thumb	palec /pa-lets/
toe	prst u nohy /prst u no-hi/
tongue	jazyk /ya-zik/
tonsils	mandle /man-dle/
tooth, teeth	zub, zuby /zup, zu-bi/
vein	žíla /zhee-la/
wrist	zápěstí /zá-pyes-tyee/

GENERAL DATA

Numerals

Cardinal Numbers

1	jeden, jedna, jedno /ye-den, yed-na, yed-no/	11	jedenáct /ye-de-nátst/
2	dva, dvě /dva, dvye/	12	dvanáct /dva-nátst/
3	tři /trzhi/	13	třináct /trzhi-nátst/
4	čtyři /chti-rzhi/	14	čtrnáct /chtr-nátst/
5	pět /pyet/	15	patnáct /pat-nátst/
6	šest /shest/	16	šestnáct /shest-nátst/
7	sedm /se-dum/	17	sedmnáct /se-dum-nátst/
8	osm /o-sum/	18	osmnáct /o-sum-nátst/
9	devět /de-vyet/	19	devatenáct /de-va-te-nátst/
10	deset /de-set/	20	dvacet /dva-tset/

21	dvacet jedna /dva-tset yed-na/	25	dvacet pět /dva-tset pyet/
22	dvacet dva /dva-tset dva/	29	dvacet devět /dva-tset de-vyet/

30	třicet /trzhi-tset/	70	sedmdesát /se-dum-de-sát/
40	čtyřicet /chti-rzhi-tset/	80	osmdesát /o-sum-de-sát/
50	padesát /pa-de-sát/	90	devadesát /de-va-de-sát/
60	šedesát /she-de-sát/	100	sto /sto/

101	sto jedna /sto yed-na/	1.000	/jeden/ tisíc /ye-den tyi-seets/
102	sto dva /sto dva/	2.000	dva tisíce /dva tyi-see-tse/
150	sto padesát /sto pa-de-sát/	3.000	tři tisíce /trzhi tyi-see-tse/
200	dvě stě /dvye stye/	4.000	čtyři tisíce /chti-rzhi tyi-see-tse/
300	tři sta /trzhi sta/		
400	čtyři sta /chti-rzhi sta/	5.000	pět tisíc /pyet tyi-seets/
500	pět set /pyet set/	10.000	deset tisíc /de-set tyi-seets/
700	sedm set /se-dum set/	100.000	sto tisíc /sto tyi-seets/
900	devět set /de-vyet set/	600.000	šest set tisíc /shest set tyi-seets/
1.000	tisíc /tyi-seets/	1,000.000	/jeden/ milión /ye-den/ mi-li-yón/

Ordinal Numbers

1st	první /prv-nyee/	11th	jedenáctý /ye-de-náts- tee/
2nd	druhý /dru-hee/	12th	dvanáctý /dva-náts-tee/
3rd	třetí /trzhe-tyee/	13th	třináctý /trzhi-náts- tee/
4th	čtvrtý /chtvr-tee/	14th	čtrnáctý /chtr-náts- tee/
5th	pátý /pá-tee/	15th	patnáctý /pat-náts-tee/
6th	šestý /shes-tee/	16th	šestnáctý /shest-náts- tee/
7th	sedmý /sed-mee/	17th	sedmnáctý /se-dum-náts- tee/
8th	osmý /os-mee/	18th	osmnáctý /o-sum-náts- tee/
9th	devátý /de-vá-tee/	19th	devatenáctý /de-va-te- náts-tee/
10th	desátý /de-sá-tee/	20th	dvacátý /dva-tsá-tee/

21st	dvacátý prvý /dva-tsá-tee pr-vee/	30th	třicátý /trzhi-tsá- tee/
25th	dvacátý pátý /dva-tsá-tee pá-tee/	100th	stý /stee/

Days of the Week	Jména dnů v týdnu /´mé-na dnoo fteed-nu/
Sunday	neděle /ne-dye-le/
Monday	pondělí /pon-dye-lee/
Tuesday	úterý /oo-te-ree/
Wednesday	středa /strzhe-da/
Thursday	čtvrtek /chtvr-tek/
Friday	pátek /pá-tek/
Saturday	so-bo-ta /so-bo-ta/

---

day	den /den/
today	dnes ✦ dneska /dnes ✦ dnes-ka/
yesterday	včera /fche-ra/
tomorrow	zítra /zee-ra/
the day after to-morrow	pozítří /po-zeet-rzhee/
the day before yesterday	předevčírem /przhe-de-fchee-rem/
daily	denně /de-nye/
week	týden /tee-den/

weekly	týdně /teed-nye/
this ...	tento ... /ten-to/
week	týden /tee-den/
Friday	pátek /pá-tek/
next ...	příští ... /przheesh-tyee/
day	den /den/
week	týden /tee-den/
Sunday	neděli /ne-dye-li/
last ...	minulý ... /mi-nu-lee/
week	týden /tee-den/
Thursday	čtvrtek /chtvr-tek/
every ...	každý ... /kazh-dee/
day	den /den/
week	týden /tee-den/
all day ...	celý den ... /tse-lee den/
once a week	jednou týdně /yed-now teed-nye/

morning	ráno * dopoledne /rá-no *do-po- led-ne/
noon	poledne /po-led-ne/
afternoon	odpoledne /od-po-led-ne/
evening	večer /ve-cher/
tonight	dnes večer /dnes ve-cher/
weekday	všední den /vshed-nyee den/
holiday	svátek /svá-tek/
What's the day today?	Který je dnes den?* Co je dneska? /kte-ree ye dnes den* tso ye dnes-ka/
Today is ...	Dnes je ... /dnes ye/

Holidays	Svátky /svát-ki/
Christmas	vánoce /vá-no-tse/
Merry Christmas!	Veselé vánoce! /ve-se-lé vá-no-tse/
Christmas Eve	štědrý den * večer /shtye-dree den*ve- cher/
Happy New Year!	Šťastný nový rok! /shtyast-nee no-vee rok/

Easter	velikonoce /ve-li-ko-no-tse/
birthday	narozeniny /na-ro-ze-nyi-ni/
name-day	svátek /svá-tek/

Months of the Year

Měsíce
/mnye-see-tse/

January	leden /le-den/
February	únor /oo-nor/
March	březen /brzhe-zen/
April	duben /du-ben/
May	**květen** /kvye-ten/
June	červen /cher-ven/
July	červenec /cher-ve-nets/
August	srpen /sr-pen/
September	září /zá-rzhee/
October	říjen /rzhee-yen/
November	listopad /lis-to-pat/
December	prosinec /pro-si-nets/

this ...	tento ... /ten-to/
month	měsíc /mnye-seets/
year	rok, ✱ letos /rok,✱le-tos/
last ...	minulý ... /mi-nu-lee/
month	měsíc /mnye-seets/
year	rok, ✱ vloni /rok,✱vlo-nyi/
next year	příští rok /przheesh-tyee rok/

The Date
Datum
/da-tum/

What´s the date today?	Kolikátého je dnes? /ko-li-ká-té-ho ye dnes/
Today is ...	Dnes je ... /dnes ye/
The first of May	Prvního května /máje/ /prv-nyee-ho kvyet-na /má-ye/
The fourth of July	Čtvrtého července /chtvr-té-ho cher-ven-tse/
December 24, 1990	Dvacátého čtvrtého prosince, tisíc devět set devadesát /dva-tsá-té-ho chtvr-té-ho pro-sin-tse tyi-seets de-vyet set de-va-de-sát/

154

<u>The Seasons</u>	<u>Roční období</u> /roch-nyee ob-do-bee/
spring	jaro /ya-ro/
summer	léto /lé-to/
fall, autumn	podzim /po-zim/
winter	zima /zi-ma/
in ...	v/na ...
spring	na jaře /na ya-rzhe/
summer	v létě /vlé-tye/
fall	na podzim /na pod-zim/
winter	v zimě /vzi-mnye/
<u>Cardinal Points</u>	<u>Světové strany</u> /svye-to-vé stra-ni/
north	sever /se-ver/
south	jih /yikh/
east	východ /vee-khot/
west	západ /zá-pat/

Weather	Počasí
	/po-cha-see/
It's ...	Je ...
	/ye/
warm.	teplo.
	/tep-lo/
hot.	horko.
	/hor-ko/
cold.	zima, chladno.
	/zi-ma,khlad-no/
windy.	vítr.
	/vee-tr/
lovely.	krásně.
	/krás-nye/
nasty.	ošklivo.
	/osh-kli-vo/
sunny.	Svítí slunce.
	/svee-tyee slun-tse/
raining.	Prší.
	/pr-shee/
snowing.	Sněží.
	/snye-zhee/
freezing.	Mrzne.
	/mrz-ne/
A storm is coming.	Příjde bouřka.
	/przhee- de bow-rzhka/
It's foggy.	Je mlhavo.
	/ye ml-ha-vo/
It's cloudy.	Je pod mrakem.
	/ye pod mra-kem/

What´s the weather like today?	Jak je dnes venku? /yak ye dnes ven-ku/
What´s the weather like in ...?	Jaké je počasí v/na..? /ya-ké ye po-cha-see v/na/
What´s the temperature today?	Kolik je dnes stupňů? /ko-lik ye dnes stup-nyoo/
Is it cold/warm today?	Je dnes zima/teplo? /ye dnes zi-ma/tep-lo/
Will it snow today/tomorrow?	Bude dnes/zítra sněžit? /bu-de dnes/zeet-ra snye-zhit/
Are you warm/cold?	Je vám teplo/zima? /ye vám tep-lo/zi-ma/

Time

Čas /chas/

clock	hodiny /ho-dyi-ni/
watch	hodinky /ho-dyin-ki/
second	vteřina /fte-rzhi-na/
minute	minuta /mi-nu-ta/
hour	hodina /ho-dyi-na/
a.m.	ráno, dopoledne /rá-no,do-po-led-ne/
p.m.	odpoledne, večer /od-po-led-ne,ve-cher/

What's the time?	Kolik je hodin? /ko-lik ye ho-dyin/
It's one o'clock.	Je jedna hodina. /ye yed-na ho-dyi-na/
It's two/three/ four o'clock.	Jsou dvě/tři/čtyři hodiny. / sow dvye/trzhi/ chti-rzhi ho-dyi-ni/
It's five/six/se- ven/eight/nine/ ten/eleven/twelve o'clock.	Je pět/šest/sedm/osm/ devět/deset/jedenáct/ dvanáct hodin. /ye pyet/shest/se- dum/o-sum/de-vyet/ de-set/je-de-nátst/ dva-nátst ho-dyin/
Quarter past one/ two/three .... twelve.	Čtvrt na dvě/tři/čty- ři ... jednu. /chtvrt na dvye/trzhi/ chti-rzhi...yed-nu/
Quarter to one/ two/three .... twelve.	Tři čtvrti na jednu/ dvě/tři .... dva- náct. /trzhi chtvr-tyi na yed-nu/dvye/trzhi... dva-nátst/
Half past one/ two/three .... twelve.	Půl druhé/třetí/čtvr- té .... jedné. /pool dru-hé/trzhe- tyee/chtvr-té ... yed-né/
It's twenty to/of five.	Je za dvacet minut pět.* Je za pět minut tři čtvrti na pět. /ye za dva-tset mi-nut pyet.* ye za pyet mi- nut trzhi chtvr-tyi na pyet/

It's five to/of seven.	Je za pět minut sedm. /ye za pyet mi-nut se-dum/
It's ten past one.	Je jedna a deset minut. ✦ Je za pět minut čtvrt na dvě. /ye yed-na a de-set mi-nut.✦ ye za pyet mi-nut chtvrt na dvye/
It's two p.m.	Je čtrnáct hodin. /ye chtr-nátst ho-dyin/
... an hour ago.	... před hodinou. /przhet ho-dyi-now/
... in an hour.	... za hodinu. /za ho-dyi-nu/
noon	poledne /po-led-ne/
midnight	půlnoc /pool-nots/
now	teď, nyní /teťʸ, ni-nyee/
later	později /poz-dye-yi/
sometimes	někdy /nye-gdi/
never	nikdy /nyi-gdi/
always	vždycky /vzhdits-ki/
before/after	před/po, za /przhet/po,za/

What time does ... open/close?	V kolik hodin se otevírá/zavírá ...? /fko-lik ho-dyin se o-te-vee-rá/za-vee-rá/
When ...leaves/ goes?	Kdy ... odjíždí/od-chází? /gdi.. od-yeezh-dyee/ od-khá-zee/
What time does ... start/finish?	V kolik hodin začíná/ končí ...? /fko-lik ho-dyin za-chee-ná/kon-chee/
What time will you come?	V kolik hodin přijde-te? /fko-lik ho-dyin przhee- de-te/
Come in time!	Přijďte včas! /przhit^y-te fchas/
It's early/late.	Je brzo/pozdě. /ye br-zo/poz-dye/
My watch is slow/ fast.	Zpožďují/zrychlují se mně hodinky. /spozh-dyu-yee/zri-khlu-yee se mnye ho-dyin-ki/
I'm sorry, I'm late.	Promiňte, jdu pozdě. /pro-min^y-te, du poz-dye/
A long time ago.	Dávno. /dáv-no/
A short time ago.	Nedávno. /ne-dáv-no/

Colors	Barvy /bar-vi/
black	černý /cher-nee/
blue	modrý /mod-ree/
brown	hnědý /hnye-dee/
green	zelený /ze-le-nee/
grey	šedý /she-dee/
orange	oranžový /o-ran-zho-vee/
pink	růžový /roo-zho-vee/
purple	fialový /fi-ya-lo-vee/
red	červený, rudý /cher-ve-nee, ru-dee/
white	bílý /bee-lee/
yellow	žlutý /zhlu-tee/
dark	tmavý /tma-vee/
light	světlý /svyet-lee/

Materials	Hmoty
	/hmo-ti/
brass	mosaz
	/mo-saz/
copper	měd˘
	/mnyed^y/
gold	zlato
	/zla-to/
silver	stříbro
	/strzhee-bro/
pewter	cín
	/tseen/
aluminum	hliník
	/hli-nyeek/
glass	sklo
	/sklo/
leather	kůže
	/koo-zhe/
metal	kov
	/kof/
plastic	umělá hmota
	/u-mnye-lá hmo-ta/
wood	dřevo
	/drzhe-vo/
cotton	bavlna
	/ba-vl-na/
silk	hedvábí
	/hed-vá-bee/
wool	vlna
	/vl-na/

Weights and Measures

Váhy a míry
/vá-hi a mee-ri/

The metric system is being used in Czechoslovakia.
The following conversions are just approximate.

Weight

1 oz. = 28 grams
1 lb. = 454 grams = 0,45 kilogram

1 kg. = 2,20 lb.

Volumes

1 pint = 0,56 liter
1 Am. gallon = 3,78 l
1 imp. gallon = 4,54 l

Distances are measured in kilometers.

1 km. = 5/8 mile
To convert miles into kilometers divide
the miles by 5 and multiply by 8.
To convert kilometers into miles divide
the kilometers by 8 and multiply by 5.

Long Measures

1 inch = 2,54 centimeters
1 foot = 0,30 meter = 30 centimeters
1 yard = 0,91 meter
1 mile = 1.609 meters

1 centimeter = 0,39 inches
1 meter   = 39,37 inches
1.000 meters = 1 kilometer = 0,675 mile

Approximate Comparative
Temperature Chart

Fahrenheit   Centigrade

boiling point 212 --+-- 100 bod varu
                                  /bot va-ru/

body   tempe- 98,0 --+-- 36,7 teplota
  rature   lidského těla
                            /te-plo-ta lid-
                            ské-ho tye-la/

              86 --+-- 30

              77 --+-- 25

              68 --+-- 20

              63 --+-- 17

freezing   32 --+-- 0 bod mrazu
  point   /bot mra-zu/

               0 --+-- -17,8

COMMON SIGNS,
PUBLIC NOTICES

Bezpečnost
/bes-pech-nost/   Police

Celnice   Customs
/tsel-nyi-tse/

Čekárna   Waiting Room
/che-kár-na/

Čerstvě natřeno   Wet Paint
/cher-stvye na-
trzhe-no/

Dál !   Enter, Come in !
/dál/

Dolů !   Down !
/do-loo/

Dovnitř / Ven   In / Out
/dov-nyitrzh/
ven/

Hospoda   Inn, Pub
/hos-po-da/

Informace   Information
/in-for-ma-tse/

Jed !   Poison !
/yet/

Jídelna   Dining Room, Diner
/yee-del-na/

Koupání zakázáno   No Swimming
/kow-pá-nyee za-
ká-zá-no/

Kuřáci / Nekuřáci /ku-rzhá-tsi/ne-ku-rzhá-tsi/	Smoking / No Smoking
Letiště /le-tyish-tye/	Airport
Muži / Páni /mu-zhi/pá-nyi/	Gentlemen
Nahoru ! /na-ho-ru/	Up !
Nalevo /na-le-vo/	To the Left
Napravo /na-pra-vo/	To the Right
Na prodej /na pro-dey/	For Sale
Nedotýkat se ! /ne-do-tee-kat se/	Do not Touch !
Nemocnice /ne-mots-nyi-tse/	Hospital
Nenahýbat se z ok-na ! /ne-na-hee-bat se zok-na/	Do not Lean out of the Window !
Nepovolaným vstup zakázán /ne-po-vo-la-neem fstup za-ká-zán/	No Admittance Except on Business
Nešlapat po trávě ! /ne-shla-pat po trá-vye/	Keep off the Grass !

Nouzový východ /now-zo-vee vee-khot/	Emergency Exit
Občerstvení /ob-cher-stve-nyee/	Refreshments
Obsazeno / Volno /ob-sa-ze-no/vol-no/	Occupied / Vacant
Odjezd, Odlet /od-yest/od-let/	Departure
Odpadky /od-pat-ki/	Refuse, Litter
Otevřeno / Zavřeno /o-te-vrzhe-no/ za-vrzhe-no/	Open / Closed
Oznámení /o-zná-me-nyee/	Notices
Parkoviště /par-ko-vish-tye/	Car Park, Parking Lot
Plně obsazeno /pl-nye ob-sa-ze-no/	No Vacancies, Full
Podzemní dráha,Metro /pod-zem-nyee drá-ha, met-ro/	Subway, Underground
Pošta /posh-ta/	Post Office
Pouze pro chodce /pow-ze pro khod-tse/	Pedestrians only

Pouze pro zaměst- nance /pow-ze pro za- mnyest-nan-tse/	Employees Only
Pozor ! /po-zor/	Attention !
Pozor, nebezpečí ! /po-zor,ne-bes- pe-chee/	Beware ! Danger !
Předprodej lístků /przhed-pro-dey leest-koo/	Ticket Office
Příjezd / Přílet /przhee-yest/ przhee-let/	Arrival
Pronajme se ... /pro-nay-me se/	... for Rent,... to Let
První pomoc /prv-nyee po-mots/	First Aid
Půjčovna ... /poo-chov-na/	....for Hire,... to Rent
Samoobsluha /sa-mo-ob-slu-ha/	Self Service
Směnárna /smnye-nár-na/	Exchange
Stanice ... /sta-nyi-tse/	
autobusu /aw-to-bu-su/	Bus Stop
tramvaje /tram-va-ye/	Street Car / Tram Stop
metra /met-ra/	Metro Station

Stanoviště taxíků /sta-no-vish-tye ta-ksee-koo/	Taxi Stand
Studená / Teplá /voda/ /stu-de-ná/tep-lá /vo-da/	Cold / Hot /water/
Stůj ! /stooy/	Stop !
Šatna /shat-na/	Cloakroom, Locker Room
Táhnout / Tlačit /táh-nowt/tla-chit/	Pull / Push
Telefon /te-le-fon/	Telephone
Ticho ! /tyi-kho/	Silence !
Toaleta /to-a-le-ta/	Rest Rooms, Toilets
Úschovna zavazadel /oos-khov-na za-va-za-del/	Left Luggage Office
Vchod / Východ /fkhot/vee-khot/	Entrance / Exit
Vjezd / Výjezd /vyest/vee-yest/	Way in / Way out
Volné pokoje /vol-né po-ko-ye/	Vacancies
Vstup volný /fstup vol-nee/	Admission Free

Vstup zakázán /fstup za-ká-zán/	No Admittance
Vyprodáno /vi-pro-dá-no/	Sold Out
Výtah /vee-takh/	Elevator, Lift
Zadáno /za-dá-no/	Reserved, Booked
Záchod /zá-khot/	Lavatory, W.C.
Záchranná brzda /zá-khra-ná brz-da/	Emergency Brake
Zákaz kouření /zá-kas kow-rzhe-nyee/	Smoking Prohibited
Zdarma /zdar-ma/	No Charge, Free
Zdravotní středisko /zdra-vot-nyee strzhe-dyis-ko/	Health Clinic
Zneužití se trestá /zne-u-zhi-tyee se tres-tá/	Trespassers will be Prosecuted
Ztráty a nálezy /strá-ti a ná-le-zi/	Lost Property Office
Železniční stanice /zhe-lez-nyich-nyee sta-nyi-tse/	Railway Station
Ženy / Dámy /zhe-ni/dá-mi/	Ladies

MINIGRAMMAR

Czech grammar is quite complicated. Hopefully
the following few rules and examples will
help your understanding of the language.

Czech nouns are masculine, feminine and neuter.
They have no articles before them. The ending
of the noun form /in nominative/ usually helps
to determine the gender.

Examples:

Masculine /M/ - hard endings
 most, pán, papír /bridge, gentleman, paper/

        /M/ - soft endings
 muž, pokoj, cizinec /man, room, foreigner/

Feminine /F/ - a ending
 žena, kniha, tužka /woman, book, pencil/

        /F/ - e ending
 židle, země, přítelkyně /chair, earth, friend/

        /F/ - soft endings
 píseň, věc, loď /song, thing, ship/

Neuter   /N/ - o ending
 okno, slovo, pero /window, word, pen/

        /N/ - e ending
 dítě, moře, kuře /child, sea, chicken/

        /N/ - í ending
 náměstí, úsilí, stavení /square, effort,
                          building/

There are seven cases indicated by the suffix.
Only masculine nouns have the distinction of
animate /Ma/ or inanimate /Mi/.

Noun Declensions

Ma

Singular

1.	student /student/	muž /man/	hrdina /hero/
2.	studenta	muže	hrdiny
3.	studentu/ovi	muži/ovi	hrdinovi
4.	studenta	muže	hrdinu
5.	studente!	muži!	hrdino!
6.	studentovi	muži	hrdinovi
7.	studentem	mužem	hrdinou

Plural

1.	studenti	muži	hrdinové
2.	studentů	mužů	hrdinů
3.	studentům	mužům	hrdinům
4.	studenty	muže	hrdiny
5.	studenti!	muži!	hrdinové!
6.	studentech	mužích	hrdinech
7.	studenty	muži	hrdiny

Mi

Singular

1.	most /bridge/	stroj /machine/
2.	mostu	stroje
3.	mostu	stroji
4.	most	stroj
5.	moste!	stroji!
6.	mostě	stroji
7.	mostem	strojem

Plural

1.	mosty	stroje
2.	mostů	strojů
3.	mostům	strojům
4.	mosty	stroje
5.	as 1.	5. as 1.
6.	mostech	strojích
7.	mosty	stroji

F

Singular

1. žena /woman/   židle /chair/
2. ženy   židle
3. ženě   židli
4. ženu   židli
5. ženo!   židle!
6. ženě   židli
7. ženou   židlí

Plural

1. ženy   židle
2. žen   židlí
3. ženám   židlím
4. ženy   židle
5. as 1.   5. as 1.
6. ženách   židlích
7. ženami   židlemi

Singular

1. daň /tax/   část /part/
2. daně   části
3. daņi   části
4. daň   část
5. dani!   části!
6. dani   části
7. daní   částí

Plural

1. daně   části
2. daní   částí
3. daním   částem
4. daně   části
5. as 1.   5. as 1.
6. daních   částech
7. daněmi   částmi

N

Singular

1.	město /town/	moře /sea/	náměstí /square/
2.	města	moře	náměstí
3.	městu	moři	náměstí
4.	město	moře	náměstí
5.	město	moře	náměstí
6.	městě	moři	náměstí
7.	městem	mořem	náměstím

Plural

1.	města	moře	náměstí
2.	měst	moří	náměstí
3.	městům	mořím	náměstím
4.	města	moře	náměstí
5.	as 1.	5. as 1.	5. as 1.
6.	městech	mořích	náměstích
7.	městy	moři	náměstími

The seven cases are:

1. Nominative
2. Genitive
3. Dative
4. Accusative
5. Vocative
6. Locative/Prepositional
7. Instrumental

Examples:

1. The nominative case expresses the subject or predicate nominative.

   Bratr je doma. - My brother is at home.

   To je můj bratr. - This is my brother.

2. The genitive case expresses possession.

   Přítel mého bratra. - The friend of my brother.

3. The dative case expresses the indirect object.

Dám to bratrovi. - I shall give it to my brother.

4. The accusative case expresses the direct object.

Vidíš mého bratra? - Do you see my brother?

5. Vocative is an address form.

Pavle! - Paul!

6. Locative is a prepositional case.

Mluvíme o bratrovi. - We speak about my brother.

7. Instrumental expresses the means by which an action is done.

Půjdete tam s bratrem? - Will you go there with your brother?

Auto bylo řízeno bratrem. - The car was driven by my brother.

Prepositions and verbs are to be used with certain cases.

1. auto - the car

2. do, z, u, kolem, blízko, vedle   auta

to, from, by, around, near, by   the car

3. k, naproti   autu

towards, opposite   the car

4. vidím   auto   -   I see the car

6. v, ve, o   autě

in, about, the car

7. nad, pod, před, za, s   autem

above, under, in front, behind, with the car

Adjectives

Czech adjectives are hard or soft.
Hard adjectives have three different endings
according to the gender of the noun -ý,-á,-é.
Example:
M. pěkný kabát /nice coat/, F. nová kniha /new
book/, N. velké město /big town/

Soft adjectives have a uniform ending -í.
Example:
M. moderní dům /modern house/, F. hlavní uli-
ce /main street/, N. jarní počasí /spring
weather/

Declensions of Adjectives and Pronouns

Adjectives and possesive pronouns of masculine
and neuter gender differ only in nominative
and accusative cases. All vocatives are the
same as nominatives.

Ma	Mi	N

Singular

1. velký /big/	velký	velké
2. velkého ⟶------------------------------------
3. velkému ⟶------------------------------------
4. velkého	velký	velké
6. velkém ⟶------------------------------------
7. velkým ⟶------------------------------------

Plural

1. velcí	velké	velká
2. velkých ⟶------------------------------------
3. velkým ⟶------------------------------------
4. velké ⟶------------------------------velká
6. velkých ⟶------------------------------------
7. velkými ⟶------------------------------------

Soft adjectives of masculine and neuter gender
decline the same way as hard adjectives.
/jarní, jarního, jarnímu .../

F

Singular

1. malá /small/	hlavní /main/
2. malé	hlavní
3. malé	hlavní
4. malou	hlavní
6. malé	hlavní
7. malou	hlavní

Plural

1. malé	hlavní
2. malých	hlavních
3. malým	hlavním
4. malé	hlavní
6. malých	hlavních
7. malými	hlavními

Possesive Pronouns

můj, má, mé /my, mine/

Ma	Mi	N	F

Singular

1. můj	můj	mé/moje	má/moje
2. mého	►--------------------------		mé
3. mému	►--------------------------		mé
4. mého	můj	mé/moje	mou/moji
6. mém	►--------------------------		mé
7. mým	►--------------------------		mou

Plural

1. mí/moji	mé/moje	má/moje	mé/moje
2. mých	►---------------------------------		
3. mým	►---------------------------------		
4. mé/moje	►---------- má/moje		mé/moje
6. mých	►---------------------------------		
7. mými	►---------------------------------		

Reflexive possesive pronoun svůj, svá, své
has the same declension as můj, má, mé.

náš, naše, naše /our, ours/

Ma	Mi	N	F

Singular

	Ma	Mi	N	F
1.	náš	náš	naše	naše
2.	našeho	➤-----------------------		naší
3.	našemu	➤-----------------------		naší
4.	našeho	náš	naše	naši
6.	našem	➤-----------------------		naší
7.	naším	➤-----------------------		naší

Plural

	Ma	Mi	N	F
1.	naši	naše	naše	naše
2.	našich	➤--------------------------------		
3.	našim	➤--------------------------------		
4.	naše	➤--------------------------------		
6.	našich	➤--------------------------------		
7.	našimi	➤--------------------------------		

Declension of demonstrative pronoun ten, ta, to /that/ is the same as for jeden, jedna, jedno /one/.

Ma	Mi	N	F

Singular

	Ma	Mi	N	F
1.	ten	ten	to	ta
2.	toho	➤-----------------------		té
3.	tomu	➤-----------------------		té
4.	toho	ten	to	tu
6.	tom	➤-----------------------		té
7.	tím	➤-----------------------		tou

Plural

	Ma	Mi	N	F
1.	ti	ty	ta	ty
2.	těch	➤------------------------------		
3.	těm	➤------------------------------		
4.	ty	➤---------------- ta		ty
6.	těch	➤------------------------------		
7.	těmi	➤------------------------------		

Personal Pronouns

Singular

1.	já /I/	ty /you/	reflexive
2.	mě/mne	tebe/tě	sebe/se
3.	mně/mi	tobě/ti	sobě/si
4.	mě/mne	tebe/tě	sebe/se
6.	mně	tobě	sobě
7.	mnou	tebou	sebou

Plural

1.	my /we/	vy /you/
2.	nás	vás
3.	nám	vám
4.	nás	vás
6.	nás	vás
7.	námi	vámi

Singular

1.	on /he/	ono /it/	ona /she/
2.	jeho/něho/něj ho	jeho/něj ho	jí/ní
3.	jemu/němu mu	jemu/němu mu	jí/ní
4.	jeho/něho/něj ho	je ho	ji/ni
6.	něm	něm	jí/ní
7.	jím/ním	jím/ním	jí/ní

Plural

1.	oni, ona, ony/they/
2.	jich/nich
3.	jim/nim
4.	je/ně
6.	nich
7.	jimi/nimi

Adverbs are mainly formed from adjectives
by suffix -e.
Example: dobrý -dobře /good - well/
        rychlý - rychle /quick - quickly/
  or : hezký - hezky /nice - nicely/

Verbs

Every verb has an infinitive form. The ending of the infinitive form is -t, or -ti /in literary style.

Infinitive být /to be/

Present tense:

Singular   Plural

1. jsem /I am/   jsme /we are/
2. jsi /you are/   jste /you are/
3. je /he, she,it is/   jsou /they are/

Negative form:

1. nejsem /I am not/   nejsme
2. nejsi   nejste
3. není   nejsou

Past tense - L-form:

Singular   Plural

1. byl,-a jsem /I was/   byli,-y jsme
2. byl,-a jsi   byli,-y jste
3. byl,-a,-o   byli,-y,-a

Future tense:

Singular   Plural

1. budu /I shall be/   budeme
2. budeš   budete
3. bude   budou

Negative is formed by prefix ne-.

Example: Nebyl jsi tam./You were not there/
         Nebudeme jíst./We shall not eat/

Personal pronouns are omitted as personal suffix on the verbs indicates the person.

The Czech verbs are divided into six classes.

Present tense

Singular	Plural	Infinitive and L-form
1.		
1. kupuji/ju	kupujeme	kupovat
2. kupuješ	kupujete	/to buy/
3. kupuje	kupují/jou	kupoval,-a
2.		
1. tisknu	-eme	tisknout
2. -eš	-ete	/to press/
3. -e	tisknou	tisknul,-a
3.		
1. piji/ju	-eme	pít
2. -eš	-ete	/to drink/
3. -e	pijí/jou	pil,-a
4.		
1. dělám	-áme	dělat
2. -áš	-áte	/to do/
3. -á	dělají	dělal,-a
5.		
1. mluvím	-íme	mluvit
2. -íš	-íte	/to speak/
3. -í	mluví	mluvil,-a
6. a/		
1. slyším	-íme	slyšet
2. -íš	-íte	/to hear/
3. -í	slyší	slyšel,-a
b/		
1. rozumím	-íme	rozumět
2. -íš	-íte	/to understand/
3. -í	rozumějí	rozuměl,-a

Irregular Verbs
/Present tense, L-form,   Infinitive/
1st pers.sing.

jsem	byl,-a	být /to be/
jdu	šel, šla	jít /to walk,to go/
jedu	jel,-a	jet /to drive,to go/
jím	jedl,-a	jíst /to eat/
vím	věděl,-a	vědět /to know/
chci	chtěl,-a	chtít /to want/
mám	měl,-a	mít /to have/

Negative is formed by prefix ne-.
Example:
Nerozumím /I do not understand/
Nepijeme.../We do not drink.../
Nevíte...? /Do you not know...?/

Many verbs are formed by adding a prefix.
Example:
jít /to go/, přijít /to come/, přejít /to
  cross/, vyjít /to come out, to go out/
nést /to carry/, přinést /to bring/, unést
  /to kidnap/, vynést /to carry out/

In Czech some verbs are accompanied by the
reflexive pronouns se or si.

Example:
dívat se /to look at/, přát si /to wish/

There are two sets of forms of Czech verbs.

Perfective /Slovesa dokonavá/ - presents an action as a complex fact.

Imperfective /Slovesa nedokonavá/ - presents an action in its course of development.

Example: Perf.   Imperf.

    dát   - dávat /to give, to put/
    koupit - kupovat /to buy/
    napsat - psát   /to write/

Future Tense

To form the future tense:

1. budu, budeš, bude... + infinitive of imperfective verbs

Example: Budu kupovat.../I shall buy../
        Budeme psát.../We will write.../

Negative: Nebudu kupovat.../I shall not buy../
         Nebudeme psát.../We will not write../

2. Perfective verbs of the present tense express the future.

Example: Koupím.../I shall buy../
        Napíšeme.../We will write../

Negative: Nekoupím.../I shall not buy../
         Nenapíšeme.../We will not write../

3. Verbs of motion + prefix po-.

Example: Pojedete.../You will drive.../
        Poletíme.../We shall fly.../

However: Půjdu, půjdeš, půjde... /I shall go, you will go, he will go.../

Negative: Nepojedete.../You will not drive../
         Nepůjdeme.../We shall not go.../

Past Tense

In Czech there is only one past tense. It is indicated by -l ending in the verb.

Infinitive dělat /to do, to make/

Singular   Plural

1. dělal,-a jsem /I did/   dělali,-y jsme
2. dělal,-a jsi   dělali,-y jste
3. dělal,-a,-o   dělali,-y,-a

There is no auxiliary verb in the 3rd person singular and plural.

Example:

Jedl jsem./I ate/ Marie pila./Marie drank/
Psali jsme./We wrote/

The negative ne- is attached to the L-form.

Example:

Nepracoval jsi./You did not work/ Jan nezpíval./John did not sing/ Nejeli jste tam. /You did not go there/

Question Form

In Czech questions are usually signalled by the intonation only. There is no auxiliary verb as in English.

Example:

Co děláte? /What do you do?/
Pracuje dobře? /Does he work well?/

DICTIONARY

A

abdomen břicho

able schopný

aboard na palubě, nastupovat

about o, kolem, asi

above nad, nahoře

abroad do ciziny, v cizině

accelerator plynový pedál

accept příjmout

accessories doplňky, příslušenství

accident nehoda

accommodation ubytování

ache bolest, bolet

acquaintance známý

across přes

actor herec

add dodat, přičíst

address adresa

adjust upravit, seřídit, přizpůsobit

admission vstup, vstupné

adult dospělý

advance předem, postup

advertisement inzerát, reklama

advice rada

advise poradit

afraid bát se

after po, potom

afternoon odpoledne

again opět, zase

against proti

age věk, stáří

agency agentura

ago před

agree souhlasit

ahead vpředu

air vzduch

airlines aerolinie

airplane letadlo

airport letiště

air ticket letenka

alcohol alkohol

alive žijící

all celý, všechno

all right dobře

allow dovolit

almond mandle

alone sám
already již, už
also také
always vždy, stále
a.m. ráno, dopoledne
ambassador velvyslanec
ambulance sanitka
America Amerika
American Američan/ka
and a, i
animal zvíře
ankle kotník
another jiný, druhý
answer odpověď, odpovídat
antique starožitnost
any jakýkoli, každý, nějaký
anybody kdokoli, někdo
anything cokoli, něco
anywhere kdekoli, někde
apartment byt, pokoj
appetite chuť
appetizer aperitiv, předkrm
apple jablko

appointment schůzka, jmenování
apricot meruňka
April duben
are jsi, jsme...
arm paže, ruka /arms zbraně/
around kolem
arrival příjezd
arrive přijet
art umění
artificial umělý
as jak, jako
ash popel
ashtray popelník
ask ptát se, žádat
aspirin aspirin
at u, v, na, k
attend účastnit se, obsluhovat
attendant zřízenec, uváděč, obsluhující
auction dražba
August srpen
aunt teta
autumn podzim
away pryč, daleko

B

baby dětátko

back záda, vzadu, zpátky

bacon slanina

bad špatný, zlý

bag taška, kabela, pytel

baggage zavazadla

bake péci

bakery pekárna

ball míč, ples

ballet balet

banana banán

bandage obvaz

bank banka

barber holič

bargain výhodná koupě, smlouvat

basin umyvadlo

bath koupel, koupat

bathing-suit plavky

bathroom koupelna

bath-tub vana

battery baterie

be být

beach pláž

beads korále

beans fazole

beard vousy

beautiful krásný

because protože

bed postel, lůžko

bedroom pokoj, ložnice

beef hovězí maso

beer pivo

before před, dříve

begin začít

beginning začátek

behind vzadu, za

believe věřit

bell zvonek

below dole, pod

belt opasek, řemen

beside vedle

best nejlepší

better lepší

between mezi

beverage nápoj

bicycle /jízdní/kolo

big velký

bill účet, bankovka

bird pták

birthday narozeniny

biscuit sušenka

bit kousek

bitter hořký

black černý

blackberry ostružina

blanket pokrývka

block blok

blond/e/ světlovlasý,
  blond

blood krev

blouse blůza, halen-
  ka

blue modrý

body tělo, mrtvola

Bohemia Čechy

boil vařit

bone kost

book kniha, zamluvit

booking-office poklad-
  na

border hranice, okraj

borrow půjčit si

both oba

bottle láhev

box krabice, bedna

box-office pokladna
  /kina, divadla/

boy chlapec

boy-friend mládenec

bra podprsenka

bracelet náramek

brain mozek, rozum

brake brzda

brand značka, druh

bread chléb

break zlomit, roz-
  bít

breakfast snídaně

bridge most

brief krátký, struč-
  ný

brief-case aktovka

bring přinést

British britský

broil pražit

brother bratr

brown hnědý

build stavět

building budova

bulb žárovka

bun žemle, houska

bunch kytice, sva-
  zek

burn spálit

bus autobus

business obchod,
  zaměstnání

businessman obchod-
  ník

bus-stop stanice au-
  tobusu

busy zaměstnaný,
  rušný

but ale, jen

butcher řezník
butter máslo
button knoflík
buy koupit, naku-
povat
by vedle, u,kolem

C

cab taxík
cabbage zelí
cable telegram,
kabel
café kavárna
cafeteria automat
cake dort, koláč
call volat, zavolat
camera fotoaparát,
kamera
camp tábor, tábořit
can moci, smět,
plechovka, konzerva
Canada Kanada
Canadian Kanaďan
candy cukroví
capital hlavní,
hlavní město
car auto, vůz
caravan přívěs, kara-
vana
card lístek, pohled-
nice

care péče, starat
se
careful opatrný
carp kapr
carpet koberec
carrot mrkev
carry nést, odnést
case kufr, bedna,
případ
cash /hotové/peníze,
proplatit
cashier pokladní
cassette kazeta
castle hrad, zámek
cat kočka
catch chytit, do-
honit
cattle dobytek
cauliflower květák
cave jeskyně
ceiling strop
celebration oslava,
slavnost
celery celer
cemetary hřbitov
center střed, centrum,
středisko
centimeter centimetr
century století
cereals vločky, obil-
niny

certainly jistě, určitě

certificate potvrzení, průkaz

chain řetěz

chair židle

change drobné /peníze/, měnit, vyměnit

charge poplatek

cheap levný, laciný

check šek, účet, kontrolovat

cheers na zdraví

cheese sýr

chemist lékárník

cheque šek

cherry třešně,višně

chess šachy

chest prsa, truhla

chicken kuře

child dítě
children děti

chin brada

china porcelán

China Čína

Chinese Číňan

chips smažené brambůrky

chocolate čokoláda

choice výběr

choose vybrat si, zvolit

chop kotleta, sekat

Christian křesťan

Christmas vánoce

church kostel

cigar doutník

cigarette cigareta

cinema kino,biograf

circle kruh

citizen občan

city město,velkoměsto

class třída

clean čistý,čistit, uklidit

clerk úředník

clever chytrý

climate podnebí

clinic lékařské středisko, klinika

clock hodiny

close blízký, zavřít

closed zavřeno

clothes šaty, prádlo

cloud mrak

clutch spojka, sevřít

coach autokar, vagón, trenér

coal uhlí

coat kabát

coat-hanger ramínko na šaty

cocoa kakao

cod treska

coffee káva

coin mince, peníz

cold studený, zima

collection sbírka

college vysoká škola, kolej

color barva

comb hřeben

come přijít, přijet

common společný, běžný

community obec, společnost

commute dojíždět do zaměstnání

companion spolucestující

company společnost

complete úplný

computer /automatický/ počítač

concert koncert

condition podmínka, stav

conductor dirigent, průvodčí

confirm potvrdit

connect spojit

consist skládat se

constant stálý

constipation zácpa

consulate konzulát

contact styk, kontakt

contain obsahovat

container nádoba

continent světadíl

continue pokračovat

contrast rozdíl

conversation rozhovor, konverzace

cook vařit, kuchař

cool chladný

copper měď

cork korek, zátka

corkscrew vývrtka

corn kukuřice

corner roh, kout

cosmetic kosmetický

cost stát, cena

cotton bavlna

cotton-wool vata

cough kašel, kašlat

count počítat, spoléhat se

counter pult

country země, vlast venkov

couple pár, dvojice

courage odvaha

course kurs

court dvůr, soud

cousin bratranec, sestřenice

cover přikrýt, obal

cow kráva

cracker suchar

crazy bláznivý

cream smetana, krém

credit úvěr, důvěra

credit card kreditová karta

crime zločin

cross kříž, přecházet

crowd zástup, dav

crowded přeplněný

crown koruna

cry křičet, plakat

cucumber /salátová/ okurka

culture kultura

cup šálek

cupboard skříňka

currency měna

curtain záclona, opona

cushion polštář

customer zákazník

customs clo, celnice

customs officer celník

cut řezat, krájet, stříhat

Czechoslovak československý

Czechoslovakia Československo

Czech Čech, český

D

dad táta

daily denně, denní

dairy mlékárna

damage poškodit, škoda

dance tanec, tančit

danger nebezpečí

dark tmavý

darling miláček

date datum, schůzka

daughter dcera

day den

dead mrtvý

dear drahý, milý

death smrt

December prosinec

decide rozhodnout /se/

deck paluba

declare proclít, prohlásit

deep hluboký

delicatessen lahůdky

deliver doručit

dentist zubní lékař

department store obchodní dům

departure odjezd

depend záviset, spoléhat se

desk psací stůl

dessert moučník, zákusek

develop vyvolat, vyvinout

dial vytočit

diarrhea průjem

dictionary slovník

die umřít

diet dieta, strava

different jiný, různý

difficult těžký

digestion zažívání, trávení

dining-room jídelna

dinner večeře /oběd/

direct přímý, přímo

direction směr, návod

director ředitel

directory telefonní seznam

dirty špinavý

discuss hovořit, diskutovat

dish jídlo, mísa

distance vzdálenost, dálka

district okres, obvod

disturb rušit, vyrušovat

divide dělit,rozdělit

divorce rozvod

do dělat, činit

doctor lékař, doktor

document doklad, dokument

dog pes

dollar dolar

door dveře

double dvojí, dvakrát

double-room dvoulůžkový pokoj

down dolů

draw kreslit, vyzvednout, táhnout

dream sen

dress šaty, obléci /se/

drink pít, nápoj

drive řídit /auto/, jet

driver řidič, šofér

driving-licence řidičský průkaz

drug lék, droga

drug-store drogerie

dry suchý

dry-cleaners čistírna

duck kachna

due ... má přijet, splatný

dumpling knedlík

during během, za

dust prach

duty povinnost, clo

E

each každý

ear ucho

early brzo, časně

earn vydělat si

earring náušnice

earth země

east východ

Easter velikonoce

eastern východní

easy snadný, lehce

eat jíst

education výchova, vzdělání

egg vejce

elbow loket

electric elektrický

elevator výtah

else jiný, ještě

embassy velvyslanectví

emergency naléhavý případ

emigrate vystěhovat se

employ zaměstnávat

empty prázdný

end konec, ukončit

enemy nepřítel

engaged obsazený, zasnoubeny/á

engine motor

England Anglie

English anglický

enjoy těšit se

enough dost

enter vstoupit, vejít

entrance vchod, vstup

envelope obálka

envy   závidět,závist

equal   stejný,rovný

establish   založit

Europe   Evropa

European   evropský

even   dokonce,rovný

evening   večer

ever   stále, někdy

every   každý

everybody   každý

everything   všechno

everywhere   všude

exact   přesný

examine   prohlédnout,
   zkoušet

example   příklad,vzor

excess baggage   nad-
   váha

exchange   vyměnit

exchange rate   devizový
   kurs

excursion   výlet, vý-
   prava

excuse   omluvit, pro-
   minout

excuse me   promiňte

exercise   cvičit, cvi-
   čení, úkol

exhibition   výstava

exit   východ

expect   očekávat

expensive   drahý

explain   vysvětlit

express   expres,
   vyjádřit

express train   rych-
   lík

eye   oko

F

face   obličej

factory   továrna

fair   pěkný, spra-
   vedlivý, veletrh

family   rodina

famous   slavný

fan   ventilátor

far   daleko

fare   jízdné

farm   statek

fashion   móda

fast   rychlý

fat   tlustý, tuk

fate   osud

father   otec

February   únor

feel   cítit /se/

female   žena

fever   horečka

few málo, několik

field pole

fight bojovat, zápas

fill in vyplnit

filling plomba

film film

find nalézt, najít

fine pěkný, pokuta

finger prst

finish ukončit

fire oheň, požár

fish ryba

flashlight baterka

flat byt, plochý

flight let

floor podlaha, po-
schodí

flour mouka

flower květina

flu chřipka

fly létat, moucha

fog mlha

follow následovat

food jídlo, potrava

foot noha, chodidlo

for pro, k

foreign cizí, zahra-
niční

foreign currency cizí
valuty

foreigner cizinec

forest les

forget zapomenout

forgive odpustit

fork vidlička

form formulář, tvar

fortune štěstí

frame rám

free svobodný

freedom svoboda

freeze mrznout

French francouzský
France Francie

fresh čerstvý

Friday pátek

fridge lednice

fried smažený

friend přítel/kyně

from od, z

fruit ovoce

fry smažit

full plný

fun legrace, žert

furniture nábytek

future budoucnost,
budoucí

G

gain získat

game hra, zvěřina

garage garáž

garden zahrada

garlic česnek

gas benzín, plyn

gate brána, vchod

gear rychlost /u auta/

gentleman pán

German německý

Germany Německo

get dostat

get in vstoupit

get off vystoupit

gift dar, dárek

girl dívka

give dát, podat

glad potěšen, rád

glass sklo, sklenice

glasses brýle

glove rukavice

glue lepidlo

go jít, jet, chodit

god bůh

gold zlato, zlatý

good dobrý

good-bye sbohem

goose husa

goulash guláš

government vláda

grape hrozen vína

grass tráva

Great Britain Velká Britanie

great velký, znamenitý

green zelený

greeting pozdrav

grey šedivý

grocery obchod s potravinami

group skupina

grow růst, dospívat

guarantee záruka

guard stráž, hlídka

guess hádat

guest host

guide průvodce

guilt vina

gun puška, pistole

H

hair vlasy

hairdresser's kadeřnictví

half polovina

ham šunka

hamburger karbanátek

hammer kladivo

hand ruka

handbag kabelka

handkerchief kapesník

happy šťastný, spokojený

harbor přístav

hard tvrdý, těžce

hare zajíc

hat klobouk

hate nenávidět

have mít, dostat

he on

head hlava

headache bolení hlavy

health zdraví

hear slyšet

heart srdce

heart attack infarkt

heat horko, topit

heating topení

heavy těžký, silný

heel pata, podpatek

height výška

help pomoc

hen slepice

her ji, její

here zde, tady

high vysoký, vysoko

highway dálnice

hill kopec, vrch

hire najmout si

his jeho

hold držet

holiday svátek

home domov, doma

honey med

honor čest

hope naděje

horse kůň

hospital nemocnice

hostel ubytovna

hot horký

hotel hotel

hour hodina

house dům

how jak

how much kolik

hundred sto

hunger hlad

hurry spěchat

hurt poranit, zranit se

husband manžel

I

I já

ice led

ice-cream zmrzlina

if jestli, kdyby

ill nemocen

imagine představit si

immediately ihned, okamžitě

impatient netrpělivý

important důležitý

impossible nemožný

improve zlepšit

in v,do, na

inch palec

include zahrnovat, obsahovat

including včetně

increase zvětšit, zvýšit

independant nezávislý, samostatný

indicate ukázat

indigestion špatné zažívání

industry průmysl

infection infekce

information informace

injection injekce

injury zranění

ink inkoust

innocent nevinný

inquire ptát se, informovat se

insect hmyz

inside uvnitř

insurance pojištění

interesting zajímavý

intermission přestávka

international mezinárodní

interpret tlumočit

interview pohovor

into do

introduce představit, zavést

invitation pozvání

invite pozvat

iron železo, žehlička

is je

island ostrov

it to, ono

Italian italský

Italy Itálie

J

jacket sako

jail vězení

jam zavařenina,džem,
marmeláda

January leden

jeans džíny, texas-
ky

jewellery klenoty,
šperky

job práce, zaměst-
nání

join spojit

joke vtip, žert

journalist novinář

journey cesta

juice šťáva

July červenec

jumper svetřík

June červen

just právě

K

keep držet, nechat si

kettle plechový čaj-
ník, kotlík

key klíč

kidney ledvina

kill zabít

kilogram kilogram

kilometer kilometr

kind laskavý

king král

kiss polibek, líbat

kitchen kuchyň

knee koleno

knife nůž

know vědět, znát

L

label označení,
nálepka

labor práce, námaha

lace krajka

lady dáma, paní

lake jezero

lamb jehně,jehněčí

lamp lampa

land země, kraj

language řeč, jazyk

large velký

last poslední, minu-
lý

late pozdě

later později

laugh   smát se

laundry   prádlo na praní, prádelna

law   zákon, právo

lawn   trávník

laxative   projímadlo

lazy   líný

lead   olovo

lead   vést, řídit

learn   učit se

least   nejméně

leather   kůže, kožený

leave   odejít, nechat

lecture   přednáška

leek   pórek

left   levý, vlevo

left luggage   úschovna

leg   noha

lemon   citrón

lend   půjčit

length   délka

lentil   čočka

less   méně

lesson   lekce, hodina

let   nechat, dovolit

letter   dopis, písmeno

lettuce   hlávkový salát

library   knihovna

lie   ležet

lie   lež, lhát

life   život

lift   výtah, zvednout se

light   světlo, světlý

lighter   zapalovač

like   mít rád, líbit se, podobně

line   čára, řada

linen   prádlo

lip   ret

lipstick   rtěnka

liquid   tekutina

list   seznam

listen   poslouchat

liter   litr

little   malý, málo

live   žít, bydlit

liver   játra

loaf   bochník /chleba/

lobby   hala, vestibul

local   místní

long   dlouhý, dlouho

look   dívat se, po- dívat se

look for   hledat

lose   ztratit, zablou- dit

lost   ztracený

lost property office   ztráty a nálezy

lot mnoho, hodně

love láska

lovely krásný

low nízký, nízko

luck štěstí

luggage zavazadla

lunch oběd

lungs plíce

M

machine stroj

magazine časopis

maid pokojská, slu-
žebná

mail pošta, poslat
poštou

main hlavní

make dělat, vyrobit

make-up nalíčení,
kosmetika

male muž

man člověk, muž

manager vedoucí, ře-
ditel

many mnoho, velmi

map mapa

March březen

mark značka

market trh,tržiště

marry oženit se, vdát
se

match zápalka,
sportovní zápas

material materiál,
látka /na šaty/

May květen, máj

may moci, směti

maybe možná, snad

me mě, mně

meal jídlo

meat maso

medicine lék

medium střední.
meet potkat /se/

meeting schůze,
setkání

melon meloun

member člen

memory paměť

menu jídelní lís-
tek

mess nepořádek

message zpráva,
vzkaz

metal kov

meter metr

middle prostřední,
střed

midnight půlnoc

might moci

mile míle

milk mléko

mind mysl, rozum

mine můj, má, mé

minute minuta

mirror zrcadlo

miss minout, zmeškat

Miss slečna

mistake chyba, omyl

mix míchat, smíchat

mixture směs

modern moderní

moment okamžik, chvíle

Monday pondělí

money peníze

month měsíc

monument památník

mood nálada

moon měsíc, luna

more více

morning ráno, jitro, dopoledne

most nejvíce

motel motel

mother matka

motorcycle motocykl

motorway dálnice

mountain hora, vrch

mouse myš

mouth ústa

move hýbat se, stěhovat se

movies kino

Mr. pan

Mrs. paní

much mnoho

murder vražda

museum muzeum

mushroom houba

music hudba

must muset

mustard hořčice

my můj, má, mé

mystery záhada, tajemství

N

nail nehet, hřebík

nail-polish lak na nehty

naked nahý

name jméno, jmenovat

napkin ubrousek

narrow úzký

nation národ

nationality státní příslušnost, národnost

natural přírodní

nature příroda

near blízko, skoro

necessary nutný, potřebný

neck   krk

necklace   náhrdelník

nectie   kravata, vá-
zanka

need   potřeba

needle   jehla

negro   černoch

neighbor   soused/ka

nerve   nerv

nervous   nervózní

never   nikdy

new   nový

news   zpráva,zprávy

newspaper   noviny

next   další, příští

nice   hezký, pěkný

night   noc

no   ne, žádný

nobody   nikdo

noise   hluk, křik

nonsense   nesmysl

noodle   nudle

noon   poledne

north   sever

nose   nos

not   ne

note   poznámka, nota,
bankovka

notebook   zápisník

nothing   nic

November   listopad

now   nyní, teď

number   číslo

nurse   ošetřovatelka

nut   ořech, oříšek

O

occasion   příležitost,
událost

occupation   povolání,
obsazení

October   říjen

of   od, z

off   pryč

offer   nabídka, na-
bídnout

office   kancelář,
úřad

often   často

oil   olej

ointment   mast

O.K.   dobrá,dobře,
v pořádku

old   starý

olive   oliva,olivový

omelet   omeleta

on   na, u

once   jednou

one   jeden, jedna,
jedno

onion cibule

only jen, jenom

open otevřený, ote-
vřít

opportunity příleži-
tost

opposite opačný, opak

or nebo

orange pomeranč

order pořádek, objed-
nat si

organization organi-
zace

origin původ

other jiný, druhý

our náš

out ven, pryč

outside venku, mimo

oven trouba, pec

over přes, nad

own vlastní, vlastnit

owner majitel

oxygen kyslík

P

package balík

packet balíček

pain bolest

paint barva, malovat

pair pár

palace palác

pancake palačinka

pants kalhoty

paper papír, noviny

parcel balík

parents rodiče

park park

parsley petržel

part část, úloha

party strana /poli-
tická/, večírek

pass projít, podat,
průkaz

passenger cestující

passport cestovní pas

past minulý, minulost

pastry pečivo, těsto

path cesta, pěšina

patient trpělivý,
pacient

pavement chodník

pay platit, zaplatit

peace mír

peach broskev

pear hruška

peas hrách

pen pero

pencil tužka

people lidé, národ

pepper pepř, zelená
paprika

performance před-
stavení, výkon

perfume voňavka

perm trvalá ondulace

permit povolení, pro-
pustka

person osoba, člověk

personal osobní

petrol benzín

petrol station ben-
zínová pumpa

pharmacy lékárna

phone telefon, tele-
fonovat

photograph fotografie

physician lékař

pick up zvednout, vy-
zvednout

pickles kyselé okurky

picture obraz, film

pie koláč

piece kus, kousek

pig prase, vepř

pigeon holub

pill pilulka, prášek

pillow polštář

pin špendlík

pineapple ananas

pink růžový

pity škoda, litovat

place místo

plan plán,plánovat

plane letadlo

plant rostlina, to-
várna, zasadit

platform nástupiště

plaster náplast

plastic umělá hmota

plate talíř

play hrát, hrát si,
hra

pleasant příjemný

please prosím

pleasure radost

plenty hodně,spousta

plug zástrčka, zátka

plum švestka, slíva

p. m. odpoledna,večer

pocket kapsa

poem báseň

point bod, ukázat

poison jed, otrávit

police policie, bez-
pečnost

policeman strážník

pool bazén

poor chudý, ubohý

population obyvatel-
stvo

pork   vepřové maso

porridge   ovesná kaše

port   přístav

porter   nosič, vrátný

possible   možný

post   pošta, poslat poštou

postage   poštovné

postcard   pohlednice

post-office   pošta

potato   brambor

poultry   drůbež

pound   libra

powder   prach, prášek, pudr

power   síla, energie

practical   praktický

Prague   Praha

pray   modlit se

prefer   dávat přednost

pregnant   těhotná, v jiném stavu

prejudice   předsudek

prepare   připravit /si, se/

prescription   předpis, recept

present   přítomný, současný

present   dar, dárek

press   tisk, žehlit

pressure   tlak

pretty   hezký,pěkný

price   cena

pride   pýcha

priest   kněz

principle   zásada

prison   vězení

private   soukromý

prize   odměna

probably   pravděpodobně

problem   problém,úkol

process   postup, proces

produkt   výrobek

production   výroba

profession   povolání

profit   zisk

progress   pokrok

prohibit   zakázat

promise   slib,slíbit

pronunciation   výslovnost

property   majetek

protect   chránit

prove   dokázat

provide   opatřit, poskytnout

pub hospoda

public veřejný

pudding nákyp,pudink

pull táhnout

pulse puls, tep

pump pumpa

puncture píchlá pneumatika, propíchnout

punish potrestat

purchase nákup

pure čistý, ryzí

purple fialový

purse peněženka

push strkat, tlačit

put dát, položit

pyjamas pyžamo

Q

quality jakost, kvalita

quantity množství

quarrel hádka, spor

quarter čtvrt

queen královna

question otázka

queue fronta

quick rychlý, rychle

quiet tichý, klidný

quite docela, úplně

R

rabbit králík

race rasa, závod

radiator chladič, topné těleso

radio rádio, rozhlas

radish ředkvička

rail kolej

railroad, railway železnice, dráha

railway station nádraží

rain déšť, pršet

raincoat plášť do deště

raisin hrozinka

rape znásilnit

rare vzácný

raspberry malina

raw syrový, surový

razor břitva

razor blade žiletka

reach dosáhnout

read číst

ready hotový, připraven

real skutečný, opravdový

really opravdu, skutečně

reason dùvod,pøíèina

receipt potvrzení

receive dostat, obdržet

reception recepce

receptionist recepèní

recognize poznat

recommend doporuèit

record gramofonová deska, zaznamenat

red èervený, rudý

reduction snížení, sleva

refreshment obèerstvení

refrigerator lednièka

register zapsat, registrovat

registered letter doporuèený dopis

registration form registraèní pøihláška

regret litovat

relation vztah, pomìr, pøíbuzenstvo

relax odpoèinout si

religion náboženství

remember pamatovat si, vzpomenout si

rent najmout si, nájemné, èinže

repair opravit, spravit, oprava

repeat opakovat

report zpráva, reportáž, ohlásit

represent zastupovat, pøedstavovat

representative zástupce, pøedstavitel

republic republika

request žádost, žádat

rescue zachránit

research výzkum

reservation záznam, rezervace

reserve rezervovat

residence bydlištì

respect úcta, ohled, vážit si

responsible zodpovìdný

rest odpoèinek,zbytek

restaurant restaurace

restroom záchod

result výsledek

retirement dùchod

return vrátit se

return ticket zpáteèní lístek

review posoudit, recenze

revolution revoluce

rice rýže

rich bohatý

right pravý, správný, právo

ring zvonit, prsten, telefonovat

river řeka

road silnice, cesta, ulice

roast péci, pečený

rock kámen, skála

role úloha, role

roll houska, rohlík, svitek /papíru/

room pokoj, místnost

rope provaz, lano

rose růže

rough drsný, hrubý

round kulatý, kolem

row řada, veslovat

rubber guma

rubbish nesmysl,smetí

rug koberec, rohož

ruins trosky, zříceniny

rule pravidlo, vládnout

rum rum

run běžet, utíkat

Russia Rusko

Russian Rus

rye žito

S

sad smutný

safe bezpečný,jistý, pokladna

sail plachtit, lodní plachta

salad salát

salame salám

sale prodej, výprodej

salt sůl

same stejný, týž

sand písek

sandwich obložený chléb, chlebíček

sardine sardinka, olejovka

Saturday sobota

sauce omáčka

sauerkraut kyselé zelí

sausage klobása, vuř

save šetřit, zachránit

say říci, mluvit

scarf šátek, šála

school škola

scissors nůžky

screen zástěna,
obrazovka, kádrovat

screw šroub

screw-driver šrou-
bovák

sea moře

seafood mořské ryby

search hledat, pá-
trání

seat sedadlo, místo
k sezení

second druhý

second-hand použitý

secret tajemství,
tajný

section část, úsek,
oddělení

security bezpečnost,
ochrana

see vidět

seem zdát se

self sám, sama, samo

self-service samo-
obsluha

sell prodávat,prodat

send poslat,posílat

sense smysl, vnímat

sentence věta, roz-
sudek

separate oddělit, roze-
jít se, oddělený

September září

servant sluha,služ-
ka

serve obsloužit, ser-
vírovat

service služba, ob-
sluha, servis

set nařídit, uspo-
řádat

set out vydat se,
vyrazit

settle usadit se

several několik

sew šít

shade stín

shake třást

shall budu ...

shame hanba

shampoo šampon

shape tvar, forma

sharp ostrý, přesně

shave holit /se/

she ona

sheet prostěradlo,
list /papíru/

shelf police

ship loď

shirt košile

shoe bota, střevíc

shoe-lace tkanička
do bot

shoe repair správ-
kárna obuvi

shoot střílet

shop krám, obchod

shopping nákup

short krátký, malý

shorts šortky

show ukázat, vysta-
vovat

shower sprcha

shrimp kreveta

shrink srazit se

shut zavřít

shy nesmělý

sick nemocný

side strana, bok

sight zrak, pohled

sightseeing prohlídka
/památek/

sign znamení, nápis

signal signál, zna-
mení

signature podpis

silence mlčení, ticho

silk hedvábí, hed-
vábný

silver stříbro, stří-
brný

simple jednoduchý

sin hřích

since od té doby

sincere upřímný

sing zpívat

singer zpěvák

single jednotlivý,
svobodný

single /room/ jedno-
lůžkový

sir pan

sister sestra

sit sedět

sit down posadit se

sitting room obýva-
cí pokoj

situation situace

size velikost

skate bruslit

ski lyžovat

skin kůže, pleť

skirt sukně

sky obloha, nebe

slacks kalhoty

Slav Slovan, slo-
vanský

slave otrok

sleep spát

sleeping pill prá-
šek pro spaní

slice plátek, krajíc

slim štíhlý

slipper trepka, pantofel

Slovak Slovák, slovenský

Slovakia Slovensko

slow pomalý, pomalu

small malý

smell čichat, cítit, vůně, pach

smile usmívat se

smoke kouřit, kouř

smoker kuřák

snack svačina, občerstvení

snack-bar automat

snake had

snore chrápat

snow sníh, sněžit

so tak

soap mýdlo

soccer kopaná

society společnost

sock ponožka

soda water sodovka

sofa pohovka

soft měkký

soil půda, země

sold out vyprodáno

soldier voják

sole podrážka, jediný, výhradní

solid pevný, solidní

somebody někdo

some něco, nějaký

something něco

sometimes někdy

somewhere někde, někam

son syn

song píseň

soon brzo

sore bolavý

sorrow smutek

sorry lituji, bohužel

soul duše

sound zvuk

soup polévka

sour kyselý

south jih

spa lázně

space prostor, místo

spare náhradní, ušetřit

spare part součástka

spasm křeč

speak mluvit, hovořit

special zvláštní, specialita

speech řeč, proslov

speed rychlost

spell slabikovat,
  kouzlo

spend strávit,
  utratit

spice koření

spinach špenát

spine páteř

spirits lihoviny

sponge houba /na mytí/

sponge-cake piškot

spoon lžíce

sport sport

spread rozšířit, na-
  mazat, pomazánka

spring jaro, jarní,
  skákat

spy špión

square čtverec,náměstí

stadium stadión

staff personál

stage jeviště

stain skvrna

stairs schody

stamp poštovní známka

stand stát, stánek

star hvězda

starch škrob

start začít,začátek

state stát, stav

station stanice, ná-
  draží

stationery papírnictví

statue socha

stay zůstat, bydlit,
  pobyt

steak biftek

steal krást,ukrást

steam pára

steamer parník

steel ocel

steering-wheel volant

step krok

stew dusit,dušené
  maso, guláš

still dosud, ještě

stocking punčocha

stomach žaludek

stone kámen

stool stolice, sto-
  lička

stop zastavit /se/,
  přestat, zastávka

storm bouřka

story povídka, vy-
  právění

straight rovný,přímo,
  rovně

strange cizí, neznámý, zvláštní

strawberry jahoda

street ulice

strong silný, pevný

student student

study studovat, učit se, studium

stupid hloupý

style styl, způsob

subject předmět, podrobený

subsidize přispívat

suburb předměstí

subway podzemní dráha, metro

success úspěch

such takový

suddenly náhle,najednou

sugar cukr

suggest navrhnout

suicide sebevražda

suit oblek, kostým, hodit se

suit-case kufr

sum obnos, částka

summer léto

sun slunce

Sunday neděle

sun-tan opalování, opálený

suntan lotion krém na opalování

supermarket samoobsluha

supper večeře

sure jistý, jistě

surname příjmení

surprise překvapit

suspect podezřívat, tušit

swallow polykat

sweat pot,potit se

sweater svetr

sweet sladký,cukroví

swim plavat

swim-suit plavky

switch vypínač, přepnout, přestoupit

swollen oteklý

system systém

T

table stůl

table-cloth ubrus

tag cedulka,štítek

tailor krejčí

take vzít, brát

take off svléci, odjet, odletět

talk hovořit,povídat

tall   vysoký, velký

tangerine   mandarínka

tape   páska, pásek

tape-recorder   magne-
tofon

taste   chuť, vkus

tax   daň, poplatek

taxi   taxi, taxík

tea   čaj

teach   učit,vyučovat

teacher   učitel/ka

teapot   čajník

tear   roztrhat

teaspoon   lžička

telegram   telegram

telephone   telefon,
telefonovat

telephone box   tele-
fonní budka

telephone number   te-
lefonní číslo

television   televize

tell   říci, vypra-
vovat

temperature   teplota

tennis   tenis

tent   stan

test   zkouška

than   než, nežli

thank, thanks   děkovat,
díky

that   ten, ta, to,
onen, který

theatre   divadlo

their   jejich

them   jim,je

then   pak, potom

there   tam, no tak

therefore   proto

thermometer   teplo-
měr

they   oni, ony, ona

thick   tlustý,hustý

thief   zloděj

thin   tenký, hubený,
řídký

thing   věc

think   myslit, pře-
mýšlet

thirsty   mít žízeň

this   tento, tato,
toto

three   tři

throat   hrdlo
sore throat   bolest
v krku

through   skrze, přímý

Thursday   čtvrtek

ticket   lístek, vstu-
penka

tie   kravata, vázan-
ka, vázat

tight   těsný

tights punčochové kalhoty

till až do

time čas

time-table jízdní řád

tin cín, plechovka, konzerva

tip spropitné

tire pneumatika

tired unavený

tissue tkáň, papírový kapesník

to k, do, na

toast topinka, přípitek

tobacco tabák

today dnes

together spolu, dohromady

toilet toaleta

toilet paper toaletní papír

tolerant trpělivý

tomato rajské jablko

tomorrow zítra

tongue jazyk

tonight dnes večer

too také, příliš

tooth zub

toothache bolest zubů

toothbrush kartáček na zuby

tooth-paste pasta na zuby

toothpick párátko

top vrch, hořejšek, hoření

torch baterka, pochoden

total úplný, součet

touch dotýkat se

tour cesta, zájezd, výlet,

tourist turista/ka

tourist office turistická kancelář

towel ručník

tower věž

town město

toy hračka

traffic provoz, dopravní ruch

train vlak, trénovat, vycvičit

train station nádraží

tram tramvaj

transfer přemístit

translate překládat

translation překlad

transport dopravit, doprava

travel cestovat

travel agency cestov-
ní kancelář

tray podnos, tác

treasure poklad

tree strom

trip výlet

trouble potíž, starost

trousers kalhoty

truck nákladní auto

true pravdivý

truth pravda

try zkusit, pokusit se

tube roura, podzem-
ní dráha

Tuesday úterý

tunnel tunel

turkey krocan

turn otočit se, obrátit

turn off vypnout

turn on zapnout

two dva, dvě

type psát na stroji

typewriter psací stroj

tyre pneumatika

U

ugly ošklivý

umbrella deštník

uncle strýc

under pod, za

understand rozumět,
chápat

underwear spodní
prádlo

unemployment neza-
městnanost

unhappy nešťastný

unique jedinečný

unite spojit

university universi-
ta, vysoká škola

unknown neznámý

unusual neobyčejný

up nahoru, nahoře

upstairs nahoře,
v patře

urgent naléhavý,
nutný

use užívat, použít,
použití, užitek

used použitý

used to zvyklý na

usually obyčejně

V

vacancy volné místo,
volné pokoje

vacation dovolená,
prázdniny

vaccination očkování

valid platný

value hodnota,cena

van nákladní vůz

various různý

vase váza

veal telecí maso

vegetable zelenina

vehicle vozidlo

venison zvěřina

ventilation větrání

verb sloveso

very velmi

vest tričko, vesta

victim oběť

victory vítězství

view pohled,rozhled

village vesnice

vinegar ocet

violence násilí

violin housle

visa vízum

visit návštěva, na-
vštívit

visitor návštěvník

voice hlas

vomit zvracet

vote hlasování,volit

voucher poukaz

vulgar sprostý,hrubý

W

wafer oplatka

wait čekat

waiter číšník

waiting-room čekárna

waitress servírka,
číšnice

wake vzbudit /se/

walk chodit, pro-
cházka

wall zeď, stěna

wallet náprsní taška,
peněženka

walnut vlašský ořech

want chtít, potřebo-
vat

war válka

warm teplý, hřát /se/

warning výstraha,
varování

wash mýt /se/, umýt
/se/, prát

washing praní prádla

washing-machine pračka

washing powder prášek
na praní

watch hodinky,hlídat

water voda

wave vlna, mávat

way cesta, způsob

we my

weak slabý

wear nosit, mít na
sobě

weather počasí

wedding svatba

Wednesday středa

week týden

week-end sobota a
neděle, víkend

weight váha

welcome vítat, při-
vítání

well dobře, správně,
zdráv

west západ

wet mokrý

what co, jaký, který

wheat pšenice, obilí

wheel kolo

when když, kdy

where kde, kam

which který, jaký, kdo,
co

whip bič, šlehat

whipped cream šle-
hačka

white bílý

who kdo, který

whole celý

why proč

wide široký

wife manželka, žena

wild divoký

will vůle, přání

win vyhrát, získat

wind vítr

window okno

wine víno

wing křídlo

winter zima, zimní

wipe utírat

wiper stěrač

wire drát

wish přání, přát si

witch čarodějnice

with s, se

without bez

witness svědek

woman žena

wonder divit se, být
zvědavý, údiv

wonderful skvělý,
báječný

wood dřevo, les

wool vlna

word slovo

work práce, pracovat

worker pracující,
dělník

world   svět

worry   mít starost,
  trápit se

worse   horší

worth   hodnota, cena

wound   rána, zranit

wrap   balit, zabalit

wrapping paper   ba-
  licí papír

wreath   věnec

wrinkle   vráska

wrist   zápěstí

write   psát, napsat

writer   spisovatel/ka

writing paper   dopis-
  ní papír

wrong   nesprávný,
  špatný

X

X-ray   Röntgen

Y

yacht   jachta

yard   dvůr, pozemek

year   rok

yeast   droždí

yellow   žlutý

yes   ano

yesterday   včera

yet   ještě, už

yoghurt   jogurt

yolk   žloutek

you   ty, vy

young   mladý

your   tvůj, váš

youth   mládež, mládí

Z

zero   nula

zip   zip

zoo   zoologická za-
  hrada

More Language Coursebooks and Phrasebooks from Hippocrene:

ARABIC FOR BEGINNERS
Dr. Syed Ali
0018   ISBN 0-87052-830-0 $7.95 paper

ELEMENTARY MODERN ARMENIAN
Kevork H. Gulian
0172   ISBN 0-87052-811-4 $8.95 paper

TEACH YOURSELF BENGALI
Sumana Mukharji
0884   ISBN 0-87052-619-7 $6.95 paper

CHINESE-ENGLISH HANDBOOK OF IDIOMS
0270   ISBN 0-87052-452-2 $8.95 cloth

COLLOQUIAL CANTONESE AND PUTONGHUA EQUIVALENTS
Zeng Zifan
0182   ISBN 0-87052-567-0 $16.95 paper

AMERICAN-ENGLISH FOR POLES:
In Four Parts
Institute for Applied Linguistics, Warsaw, and Center for Applied Linguistics, Arlington, Virginia
0441   ISBN 83-214-0152-X $20.00 paper

ENGLISH CONVERSATIONS FOR POLES
Iwo Cyprian Pogonowski
0762   ISBN 0-87052-873-4 $8.95 paper

ENGLISH FOR POLES SELF-TAUGHT:
Complete Course In The English Language For Polish Speaking People
Irena Dobrzycka
2648   ISBN 0-88254-904-9 $19.95 cloth

TEACH YOURSELF HINDI
Mohini Rao
0170   ISBN 0-87052-831-9 $7.95 paper

HUNGARIAN BASIC COURSEBOOK
0131   ISBN 0-87052-817-3 $14.95 paper

HOW TO SAY IT IN HUNGARIAN
Murval Atdras
0209   ISBN 9-63178-079-1 $4.95 cloth

TEACH YOURSELF MARATHI
R.S. Deshpande and G.E. Salpekar
0885   ISBN 0-87052-620-0 $6.95 paper

POLAND IN POLISH
W. Miodunka and J. Wrobel
0438   ISBN 83-223-2032-9 $14.95 paper

ROMANIAN CONVERSATION GUIDE
Mihai Miroiu
0153   ISBN 0-87052-803-3 $8.95 paper

ROMANIAN GRAMMAR
0232   ISBN 0-87052-892-0 $8.95 paper

SERBO-CROATIAN FOR FOREIGNERS
Slavna Babic
0001   ISBN 0-87052-875-0 $11.95 paper

SPANISH GRAMMAR
0273   ISBN 0-87052-893-9 $8.95 paper

SWAHILI PHRASEBOOK
T. Gilmore and S. Kwasa
0073   ISBN 0-8044-6176-7 $4.95 paper

TURKISH PHRASEBOOK
Penelope Jones and Ali Bayram
0760   ISBN 0-87052-872-6 $6.95 paper

TEACH YOURSELF URDU IN TWO MONTHS
Professor Aziz-ur-Rahman
0672   ISBN 0-87052-913-7 $6.95 cloth